D1750512

Joaquim Chavarria

Mosaik

Verlag Paul Haupt
Bern · Stuttgart · Wien

Joaquim Chavarria
Mosaik

Ein umfassendes Anleitungsbuch für einfache und anspruchsvolle Projekte

Die spanische Originalausgabe erschien 1998
unter dem Titel *El Mosaico*
bei Parramón Ediciones S.A., Barcelona

Copyright © 1998 Parramón Ediciones S.A. World Rights
Published by Parramón Ediciones S.A., Barcelona/Spain

Aus dem Spanischen übersetzt von Tina Kehr-de Dil

Redaktion und Satzbetreuung der deutschen Ausgabe:
Bücher-GmbH, D-Bayreuth

Die Deutsche Bibliothek- CIP-Einheitsaufnahme

Chavarria, Joaquim:
Mosaik: ein umfassendes Anleitungsbuch für einfache und anspruchsvolle Projekte / Joaquim
Chavarria. [Aus dem Span. übers. von Tina Kehr-de Dil]. - Bern; Stuttgart; Wien: Haupt,1998
Einheitssacht.: El mosaico <dt.>

ISBN 3-258-05840-7

Copyright © 1998 für die deutsche Ausgabe
by Verlag Paul Haupt Berne
Alle Rechte für die deutsche Ausgabe vorbehalten
Jede Art der Vervielfältigung ohne Genehmigung des Verlags ist unzulässig

Inhaltsverzeichnis

Einleitung 6

Zur Geschichte 8

■ Steinchen um Steinchen bis auf unsere Tage

Mesopotamien 10
Griechenland 11
Das römische Imperium 12
Frühchristliche und byzantinische Kunst 14
Islamische Kunst 15
Mittelalterliche Kunst 16
Altamerikanische Kunst 17
Vom vierzehnten bis neunzehnten Jahrhundert 18
Das zwanzigste Jahrhundert 19

Materialien und Werkzeuge 20

■ Materialien

Eruptivgestein 22
Sedimentgestein 24
Metamorphisches Gestein 25
Gestein als Arbeitsmaterial 26
Glasförmige Materialien 28
Keramikmaterial und Halbedelsteine 29

■ Werkzeuge

Das Handwerkszeug 30

Methoden für das Zuschneiden 34

Das Zuschneiden der Mosaiksteinchen 36
Das Zerteilen einer Marmorscheibe 36
Das Zerteilen von Schiefer 39
Das Zerteilen von Kieseln und Granitstreifen 40
Das Zerteilen einer Platte aus Glasmasse 41
Das Zerschneiden von Glasplatten 42
Das Zerschneiden von Keramikfliesen 43
Maschineller Zuschnitt 45

Methoden für das Zusammensetzen 46

Der Entwurf 48

■ Techniken des Zusammensetzens

Vorbereitung für das Zusammensetzen 54
Antike Verlegevarianten 55
Das direkte Zusammensetzen 58
Das indirekte Zusammensetzen 59
Direktes Zusammensetzen an der Wand 61
Übersichtstafel 63

■ Trägerflächen

Trägerflächen und dafür geeignete Bindemittel 64

Schritt für Schritt 68

Tischplatte, gefertigt in der Technik des direkten
Zusammensetzens 70
Wandbild, gefertigt in der Technik des direkten
Zusammensetzens 82
Kiesel-Bodenplatte, gefertigt nach der
indirekt-positiven Methode 88
Büste, gefertigt in indirekt-negativer Technik 98
Relief, gefertigt in der indirekt-positiven
Technik 106
Skulptur, gefertigt in der indirekt-negativen
Technik 116
Reliefwandbild, gefertigt in indirekt-negativer
Technik 126
„Tempel" – eine in direkter Technik mit Mosaik
belegte Rundplastik 134
Wasserbecken, gefertigt in indirekt-positiver
Technik 142
Mittelstück eines Bodenbelags, gefertigt in
indirekt-negativer Technik 148

Fachausdrücke und Erläuterungen 156

Weiterführende Bücher 160

Einleitung

Der vorliegende Band will in allererster Linie als praktisches Handbuch vertraut machen mit den verschiedenen Möglichkeiten der Anfertigung von Mosaiken. Bei den von mir dafür gezeigten Beispielen kam es mir nicht darauf an, römische oder byzantinische Mosaiken nachzuahmen oder solche aus anderen Epochen. Andererseits ist es durchaus wichtig, zu wissen, auf welche Weise die Mosaiken früherer Zeiten entstanden. Denn die Grundtechnik dafür ist im wesentlichen unverändert geblieben: Man fügt kleine Steinchen oder Stücke von Glasfluß auf einer ebenen Unterlage zusammen, sei es nun ein Boden oder eine Wandfläche, oder gestaltet damit die Oberfläche einer Skulptur oder sonst eines Gegenstandes.

Der sinnvollste Weg, um den Leser auf die Thematik einzustimmen, schien mir dabei ein kurzer Gang durch die Geschichte der Kunst des Mosaiks bis in unsere Zeit.

Dem schließt sich eine Vorstellung der Materialien an von den härtesten wie Granit bis zu Glasfluß, Halbedelsteinen und Keramikfliesen. Viele davon finden seit langer Zeit Verwendung, andere wieder sind neueren Datums und können zu einer Entdeckung für den Leser werden, die seinen künstlerischen Vorstellungen und Neigungen besser entsprechen.

Es folgt ein Abschnitt über die erforderlichen Werkzeuge zur Ergänzung unserer „Grundwerkzeuge", der eigenen Hände nämlich; manche sind Hand-, andere Elektrowerkzeuge, und sie sind unverzichtbar, weil Voraussetzung für Mosaikarbeiten das Zerteilen von sehr hartem Material in kleine Stückchen ist.

Dieses selbst wird anschließend anschaulich und leicht verständlich erläutert, denn es ist mir ein wichtiges Anliegen, einfache Lösungen aufzuzeigen auch für Probleme, die zunächst schwierig scheinen. Die Umsetzung der Grundidee für ein bestimmtes Stück setzt die sorgfältige vorherige Überlegung der gesamten Ausführung voraus. Denn dabei stoßen wir auf die jeweiligen Einzelprobleme, über deren Lösung wir uns rechtzeitig Gedanken machen müssen. Meine Vorschläge dazu verdanke ich zu einem Teil auch den Fragen und Anregungen meiner Schüler, denen ich dafür dankbar bin in der Hoffnung, daß ich sie durch meine Ratschläge dafür entschädigen konnte.

Kiesel, Scheiben oder Streifen von Granit, Marmor, Schiefer, Glasfluß oder Keramikfliesen – jedes Material erfordert entsprechendes Werkzeug.

Auch wenn es zunächst (in der Theorie!) so scheinen mag, als sei die Anfertigung eines Mosaiks eine recht einfache Angelegenheit und etwas, das jeder könne, verlangt sie in der Praxis eine höchst sorgfältige Vorbereitung durch Skizzen, Entwürfe und Modelle, eine überlegte Auswahl der richtigen Materialien für das jeweilige Mosaik und die Entscheidung für eine Methode des Zusammensetzens, die genau paßt zu dem, was wir ausdrücken wollen.

Ein Mosaik entsteht Steinchen für Steinchen, und beim vorliegenden „Lehrgang" gehen wir auf die gleiche Weise vor: Schritt für Schritt. Anhand von Einzelbeispielen lernen Sie die unterschiedlichen Grundmaterialien und Methoden kennen und auch die verschiedenen Trägerflächen, Klebstoffe und Mörtel, Rahmen usw.

Für den Anfänger wird hier eine grundlegende Einführung in die jahrtausendealte Kunst des Mosaiks geboten, deren Erlernung allerdings eine gewisse „Lehrzeit" erfordert. Fortgeschrittenen andererseits bietet das Buch neue und weniger gebräuchliche Methoden zur Ergänzung ihrer bisherigen Kenntnisse und Erweiterung ihrer künstlerischen Ausdrucksmöglichkeiten. Insgesamt sind in den vorliegenden Band vieljährige Erfahrungen als Mosaikkünstler, aber auch als Lehrer eingegangen. Allerdings behaupte ich keineswegs, objektiv zu sein – und ich empfehle allen Leserinnen und Lesern, meinen subjektiven Einschätzungen die eigenen Wertungen und Maßstäbe gegenüberzustellen.

Das Erlernen einer Kunstfertigkeit sollte man nie unter dem Gesichtspunkt möglichster Schnelligkeit betrachten, und für die Gestaltung von Mosaiken gilt das erst recht. Denn die Anfertigung eines Mosaiks erfordert ja selbst schon erheblichen Zeitaufwand vom Zerkleinern der Materialien dafür bis zur Zusammensetzung. Hier sind Geduld und Gelassenheit wie beim Angeln gefragt – und obendrein eine Menge Phantasie. Während aber der Angler manchmal leer ausgeht, können wir wie schon unsere „Kollegen" aus früheren Zeiten sicher sein, daß unsere Geduld belohnt wird.

Die genannten Eigenschaften werden den Mosaikkünstler zum Erfolg führen, und zwar nicht nur in der Form der Bewältigung technischer Probleme, sondern auch dadurch, daß er künstlerische Bereicherung erfahren und persönliche Befriedigung empfinden wird.

Abschließend möchte ich meinen Dank und meine Anerkennung meinem ehemaligen Lehrer und späteren Partner Antoni Domingo gegenüber ausdrücken (für den Beitrag zur Geschichte). Meine dankbare Erinnerung gilt ferner Pau Maciá (Mosaik) und Josep Brunet (Zeichnen).

Gewidmet meinen Töchtern Mónica, Marta und Mireira

Joaquim Chavarria

Zur Geschichte

Es kann in diesem Kapitel nicht um eine breite Darstellung der Geschichte des Mosaiks gehen – das traue ich mir gar nicht zu und überlasse es lieber den Spezialisten. Mein Ziel auf den folgenden Seiten ist ein anderes: Ich möchte einige Epochen und Kulturen herausgreifen, die mir persönlich besonders wichtig erscheinen im Hinblick auf ihren Beitrag zur Geschichte der Mosaikkunst.

Im Unterschied zu weltweit verbreiteten anderen Zweigen der Kunst ist das Mosaik begrenzt auf Europa, Nordafrika und den Nahen Osten und gelangte dort zu hoher Blüte. Zwar finden sich auch in den altamerikanischen Kulturen Mosaikarbeiten, doch ihre Anwendung beschränkte sich dort auf Kult- und Zeremonialgegenstände, Totenmasken, Schmuck und kostbares Gerät.

Des weiteren sei daran erinnert, daß bei Griechen und Römern Mosaiken so gut wie ausschließlich als Schmuckelement für Böden verwendet wurden und erst in christlicher Zeit dann auch Wandmosaiken entstanden. Da bei diesen die funktionalen Erfordernisse an einen Bodenbelag entfielen, konnte man dafür kleine Stückchen von Glasfluß verwenden, was sowohl in technischer wie künstlerischer Hinsicht eine entscheidende Weiterentwicklung war.

Grundlage für die nachfolgende, bewußt um leichte Verständlichkeit bemühte und reich bebilderte Zusammenfassung waren entsprechende Studien, Unterrichtung durch meine Lehrer, die Lektüre einschlägiger Literatur zur Kunstgeschichte allgemein und zur Mosaikkunst insbesondere. Wesentlich dafür war aber natürlich auch, daß ich zahlreiche Mosaiken selbst kennenlernen und bewundern konnte an Ausgrabungsorten, in Museen, Kirchen und Moscheen, in öffentlichen und privaten Gebäuden und auch in einigen Straßen mittelalterlicher Städte.

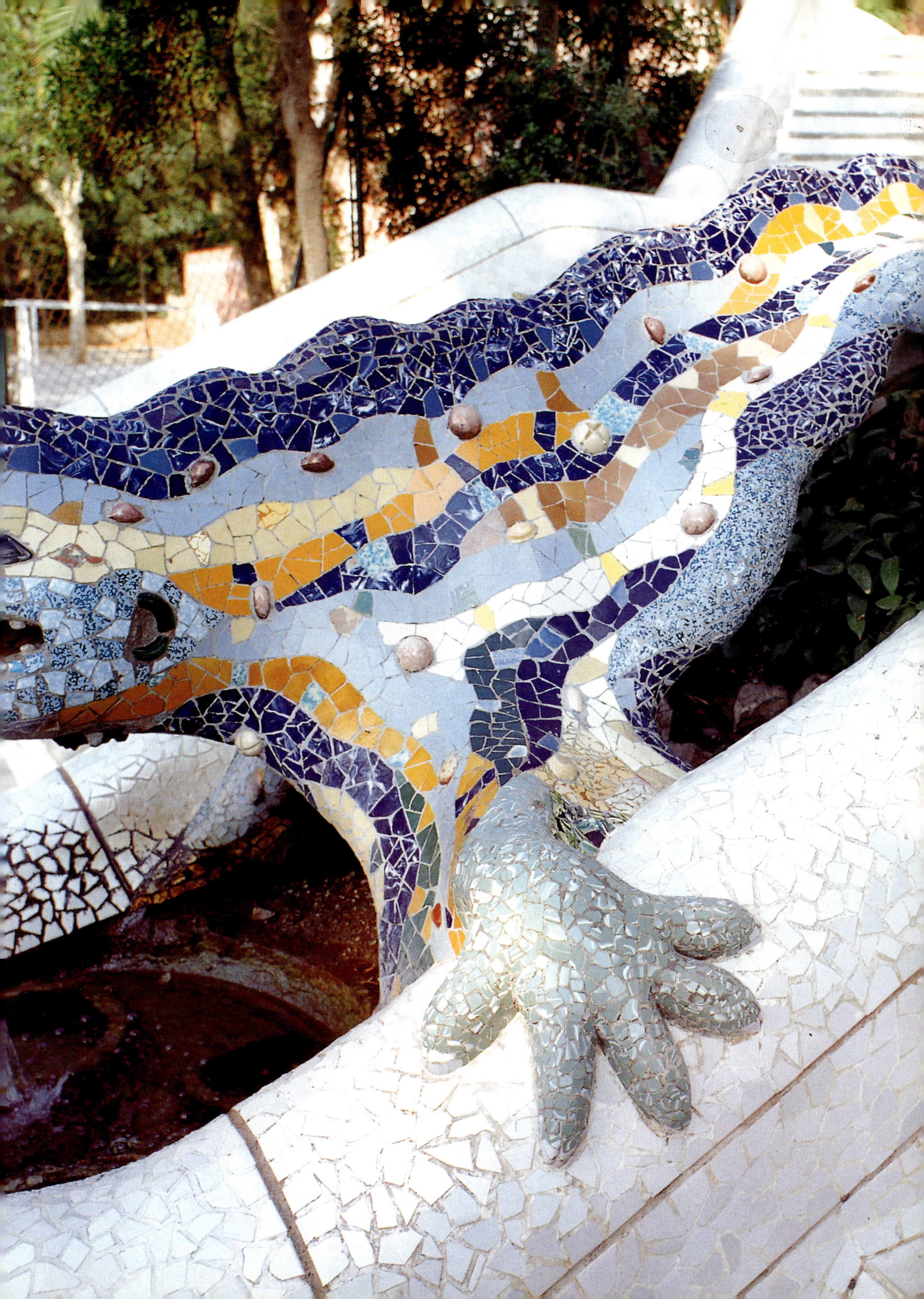

Steinchen um Steinchen bis auf unsere Tage

In früher Zeit schon entstanden in Sumer Mosaiken aus Steinen, die Griechen gestalteten Muster in Bodenbelägen aus Kieseln, doch erst die Römer schufen prachtvolle Werke aus kleinen Marmorstückchen. Die Byzantiner benutzten als erste für Mosaiken, die nun die Wände schmückten, kleine Würfel aus farbigem Glas. In späteren Zeiten blieb es bei dieser Technik, doch war ein künstlerischer Niedergang unübersehbar. Heute haben neben abstrakten Themen auch neue Materialien in unterschiedlichen und teils ungewöhnlich großen Abmessungen, die früher undenkbar waren, Eingang in die Mosaikkunst gefunden.

Mesopotamien

In der Region zwischen Ephrat und Tigris fanden sich neben weiteren Kunstschätzen auch Überreste gestalteter Flächen, die man mit Fug und Recht als Mosaiken bezeichnen kann; sie zierten allerdings nicht die Böden von Gebäuden und dienten auch nicht als Straßenbelag.

Unweit der Stadt Ur errichtete man ein kleines Heiligtum, das der Göttin Ninchursag gewidmet war. Vor dessen Eingang erhoben

▼ Sumerischer Tempel in El-Obeid, Ur (Rekonstruktion)

sich Säulen aus Palmenstämmen, die mit einer Asphaltschicht ummantelt waren, in die man Muster aus Perlmutt, schwarzem Stein und rotem Marmor eingefügt hatte. Die Augen der kupfernen Löwen an den Türen waren ebenfalls mit Perlmutt eingelegt.

Im Inneren entdeckte man Mosaikfriese, auf denen teils in schwarzen und weißen Umrißlinien angelegte Figuren von Vögeln, Haustieren und Hirten zu sehen sind, teils Reihen von Kühen und Enten, die aus Scheiben weißen Steins ausgeschnitten und in einen dunklen Mörtelgrund eingefügt wurden. In diesen Friesen stellten die sumerischen Künstler ländliches Leben mit Ackerbau und Viehzucht dar.

Ein weiteres auf uns gelangtes Beispiel dieser Kultur ist die sogenannte „Standarte von Ur", eine Art von Kästchen mit zwei Schmuckseiten. Auf der „Kriegsseite" ist der König gezeigt, der mit seinem Leibwächter auf einem Streitwagen die Feinde überrollt, sowie ein Zug von aneinandergebundenen Gefangenen, die vor den König und seine Würdenträger geführt werden. Auf der gegenüberliegenden „Friedensseite" präsidiert der König einem Gastmahl von sechs Würdenträgern; alle halten Becher in den Händen, Diener warten ihnen auf, und sie erfreuen sich an der Musik eines Harfenspielers und den Liedern einer Sängerin. Außerdem sieht man, wie Schaf- und Rinderzüchter, Fischer und Ackerbauern die Erzeugnisse des Landes zum Palast schaffen und offenbar auch Händler ihre Waren, teils mit Eselgespannen. All diese Szenen sind in Einlagetechnik mit Perlmutt, Lapislazuli und Karneol oder rotem Kalkstein gestaltet.

Auch den „Schatz der Königin Subad" fand man in Ur. Dabei handelt es sich neben Bechern aus Silber, Gold und Alabaster um Luxusgegenstände wie Schmuckkästchen, Spielbretter und Musikinstrumente, sämtlich kostbar verziert mit Einlagen aus Perlmutt und Lapislazuli. Die Musikinstrumente sind

▲ Harfe aus dem „Schatz" (der Grabbeigabe) der Königin Subad von Ur (2.500 v.Chr.)

geschmückt mit bordürenartigen Friesen, mosaikartig gestaltet mit Gold, Perlmutt und Lapislazuli; ein typisches Dekorationsmotiv ist eine Nachahmung des Palmenstammes mit Querstreifen, auf denen goldene Dreiecke mit solchen aus Lapislazuli kontrastieren.

Diese sumerischen Harfen waren außerdem mit Darstellungen von „Wappentieren" geschmückt, in denen man allerdings auch Wiedergaben von Priestern sehen könnte, die mit entsprechenden Masken und Tierhäuten verkleidet waren. Unterhalb dieser Tierdarstellungen sind in Mosaik Szenen magischer und geheimnisvoller Rituale oder Weihespiele zu erkennen mit maskierten Darstellern von Halbgöttern; das Ganze ist offenbar zu verstehen als eine Mischung aus Kunst, Religion und magischen Bräuchen.

Griechenland

Mit Kieseln dekorativ gestaltete Bodenbeläge kamen zweifellos schon so früh vor, daß sich ihre Anfänge im Dunkel der Zeiten verlieren. Jedenfalls blieben in der griechischen Stadt Gordion in Phrygien (Kleinasien), an den Ufern des Flusses Sakarya, Reste solcher Bodenbeläge erhalten, die sich auf das achte Jahrhundert v. Chr. datieren lassen.

Aus dem vierten vorchristlichen Jahrhundert stammen die in der mazedonischen Stadt Pella, dem Geburtsort Alexanders des Großen, vorgefundenen Bodenbeläge aus weißen und schwarzen Kieseln, bei denen graue bereits zur Andeutung von Schattierungen dienten und andersfarbige für Details verwendet wurden, zum Beispiel, um Figuren Volumen zu verleihen, deren Umrisse durch eingelegte Bleistreifen wiedergegeben wurden.

Was Dokumente zur technischen Seite der Mosaikherstellung betrifft, stammt eines der wohl ältesten aus der Mitte des dritten vorchristlichen Jahrhunderts. Es ist auf Papyrus geschrieben und schildert die Anfertigung eines Mosaikfußbodens für einen Baderaum. Um die gleiche Zeit etwa entsandte Hieron II. von Syrakus sein Schiff *Syrakus* nach Alexandria; die Böden von dessen Kabinen waren bereits mit Mosaiken aus verschiedenfarbigen Steinen, darunter Halbedelsteinen, belegt, deren Motive aus der Ilias entnommen worden waren.

Während der hellenistischen Epoche entstanden Mosaiken aus präzise zugeschnittenen Steinchen, und Eumenes II. (197–159 v. Chr.), König von Pergamon in Kleinasien, ließ die Räume seines Palastes von zwei schon namentlich bekannten großen Künstlern

▼ *Dionysos als Knabe reitet auf einem Panther.* 163 x 163 cm, Mosaik in hellenistischer Tradition aus dem Haus des Fauns in Pompeji; Neapel, Archäologisches Nationalmuseum.

▲ *Löwenjagd.* Detail des Kieselmosaiks mit Bleistreifen für die Umrisse; Pella/Mazedonien, 375–300 v. Chr.

dekorieren: Hephaistion und Sosos von Pergamon.

Dem ersten ist ein Mosaik mit einem Randfries zu verdanken, auf dem auf schwarzem Hintergrund Grashüpfer und andere Insekten zu erkennen sind, während das Mittelfeld gefüllt ist mit Zweigen und Früchten auf einer weißen Grundfläche.

Der zweite schuf ein weiteres bekanntes Mosaik, dem man den Titel „Das unaufgeräumte Zimmer" verlieh. Darauf sind äußerst realistisch mit winzigen farbigen Steinchen auf weißem Hintergrund Essensreste dargestellt, die bei einem Gastmahl auf den Boden gefallen sind. Dabei deutete der Künstler schon mit weiteren Mosaiksteinchen die Schatten an und verlieh damit der Wiedergabe entsprechendes Volumen. Eine andere bekannte Arbeit des gleichen Künstlers, geprägt vom selben Realismus, zeigt Tauben, die aus einer Schale trinken.

In Olynthos auf der griechischen Halbinsel Chalkidike fand man Bodenbeläge aus Kieseln, die in Mörtel eingebettet waren. Deren abgerundete helle Kanten bildeten auf dunklem Untergrund die Umrisse von Figuren und Gegenständen; auch hier wieder umgaben Randfriese die Mittelfelder. Bei bestimmten Motiven fanden bereits farbige Kiesel Verwendung, was wiederum einen Fortschritt für die Gestaltung bedeutete.

In Eretria auf der Insel Euböa sind die Hauptthemen der dort aufgefunden Steinmosaiken mythologische Darstellungen, darunter dionysische Szenen und Figuren von Greifen und Schimären; Wiederholungen davon entstanden in Olympia.

Auch auf der Insel Delos entdeckte man Bodenmosaiken aus der zweiten Hälfte des zweiten Jahrhunderts v. Chr., die vielfarbig mit bunten Steinen und bereits mit roten und grünen Glasflußwürfelchen hergestellt worden waren; Kieselmosaiken sind dort dagegen eher selten.

▲ *Katze schlägt ein Huhn.* Mosaik in hellenistischer Tradition aus dem Haus des Fauns in Pompeji; Neapel, Archäologisches Nationalmuseum.

▼ *Die Musikanten* (Detail). 41 x 41 cm; Mosaik in hellenistischer Tradition (Dioskurides aus Samos) aus der Villa des Cicero in Pompeji; Neapel, Archäologisches Nationalmuseum.

Das Römische Imperium

In römischer Zeit verbreitete sich die Mosaikkunst auch auf Tempel, Theater, öffentliche Gebäude, Thermen, ja sogar Läden, Portiken und Marktplätze.

Es gab sowohl farbige Mosaiken als auch solche in Schwarzweiß, und die Motive waren vielfältig: Schachbrettmuster mit doppelter Bordüre; Schachbrettmuster mit gewölbten Kanten, ebenfalls mit doppelter Bordüre; Zopfmuster mit zwei und vier Strängen; Schuppen- und Spitzbogenmuster; Dreiecksmuster, teils in Zopfform; perspektivische Würfelmuster, Spiralformen und sonstige geometrische Muster. Aber man stellte auch Szenen aus der Äneis dar oder aus Theaterstücken oder der Mythologie, Jagdszenen und Musikanten sowie Meeresmotive mit Fischen und Seeungeheuern.

Als Material diente heimischer Marmor oder auch solcher aus entlegeneren Gebieten, etwa Afrika, in vielen Farben. Dieser wurde vom *Tesselarius*, dem Fachmann für die Herstellung der *Tesserae*, in gewöhnlich würfelförmige Stückchen zerteilt, die dann wieder vom Mosaikkünstler noch genauer zugeschnitten wurden.

Es gab, neben anderen, drei Hauptformen des Mosaiks: das *Opus tesselatum*, das *Opus vermiculatum* und das *Opus sectile*.

Das Hauptmotiv des Mosaiks wurde als *Emblema* bezeichnet, also als „das Bild"; es wurde in der Form des *Opus vermiculatum* gefertigt, der Hintergrund dagegen als *Opus tesselatum*.

Als Trägerfläche für das in der Werkstatt des Mosaizisten, der *Officina*, hergestellte *Emblema* diente gewöhnlich eine nicht allzu große Marmorscheibe von etwa 90 x 90 cm;

◄ *Odysseus und die Sirenen.* 3. Jahrhundert; Dugga/Tunesien.

der Hintergrund dafür wurde dagegen an Ort und Stelle gefertigt.

War dieser unter Freilassung entsprechenden Raums für das *Emblema* fertiggestellt, wurde letzteres eingesetzt und gut verfugt. Da das Mosaik ja zugleich eine Funktion als Bodenbelag hatte und damit gut begehbar sein sollte, mußte es sauber verfugt und geglättet werden.

Das *Opus tesselatum* war schwarzweiß, und die Einzelstückchen dafür waren etwas größer, weswegen auch die Muster geometrisch waren. Die Würfelchen für das *Opus vermiculatum* waren dagegen kleiner und oft sogar winzig, damit man auch feinste Details des Motivs wiedergeben konnte.

In allen römischen Städten, auch in den Provinzen, waren die Gebäude vielfach mit Mosaiken ausgestattet; vor allem aber in Pompeji blieben Mosaiken von höchstem künstlerischen Rang erhalten, und dort wiederum vor allem im Haus des Fauns.

In diesem stößt man bereits im Vestibül auf ein Mosaik mit geometrischem Muster. Dann gelangt man ins Hauptatrium, wo der Boden des von einer profilierten Marmoreinfassung umrandeten Impluviums bedeckt ist von einem Mosaik aus verschiedenfarbigem Kalkstein in den für das *Opus sectile* typischen geometrischen, hier rautenförmigen Mustern.

In der Mitte dieses Impluviums befindet sich die etwa 70 cm hohe Statue eines tanzenden Fauns, dem das „Haus" (eine irreführende Bezeichnung – es handelt sich um eine ausgedehnte Villenanlage) seine Bezeichnung verdankt. Dem Impluvium angefügt sind zwei *Alae*, Nebenräume; in dem einen davon fand man ein zweigeteiltes weiteres Mosaik. Auf dessen oberer Hälfte sehen wir eine Katze, die sich auf ein Huhn mit zusammengebundenen Füßen stürzt, in der unteren ein Stilleben vom Nilufer mit Enten, Fischen, Vögeln, Mollusken und Lotus.

Aus dem Hauptatrium gelangt man in das sogenannte Tetrastyl-Atrium rechts. Zwischen den *Alae* des Hauptatriums ist der Eingang zum *Tablinum* (Empfangszimmer), dessen Boden ein Mosaik aus Travertin, Schiefer und grünlichem Kalkstein schmückt; das geometrische Muster in *Opus sectile* vermittelt

◄ *Fische.* Tarragona, Archäologisches Museum.

▶ *Zirkusspiele.* Ende 2. Jahrhundert; Karthago/Tunesien.

mit seinem Rautenmuster den perspektivischen Effekt übereinandergesetzter Würfel; das restliche Mosaik ist in *Opus tesselatum* gestaltet.

In den beiden *Triklinien* zu seiten des *Tablinums* fanden sich *Emblemata*, die von Girlanden gesäumt sind. Auf einem davon ist der auf dem Panther reitende Dionysos zu sehen, auf einem anderen (ein seinerzeit bei den Römern sehr beliebtes Motiv) die Vielfalt der Tiere unter Wasser.

Hinter dem *Tablinum* liegt der erste Säulenhof, durch den man zur *Exedra* gelangt. Deren von zwei korinthischen Säulen flankierter Eingang wurde dekoriert mit einem Mosaik aus winzigen vielfarbigen *Tesserae*; dargestellt ist das bunte Tierleben am Nilufer mit Schlangen und Wassertieren und den entsprechenden Pflanzen. Das Hauptwerk dieser Exedra aber ist das (heute im Archäologischen Nationalmuseum in Neapel befindliche) Riesenmosaik, vermutlich nach einem Gemälde des Philoxenos von Eretria, das den Sieg Alexanders des Großen über den Perserkönig Dareios bei Issos zeigt. Die Farbpalette der dafür verwendeten Steinchen reicht von Weiß über Gelb zu Rot, von Grau bis Braun und von Purpurfarben bis Schwarz.

Die römischen Mosaikkünstler schufen aber auch kleine Stücke, die man wie Bilder aufhängen konnte, auf einer Trägerfläche aus Marmor oder Ton. Diese Kopien hellenistischer oder sonstiger Gemälde wurden aus bis zu 1 mm kleinen Würfelchen zusammengesetzt, um die feinen Pinselstriche der Maler nachahmen zu können.

◀ *Vergil und die Musen.* 3. Jahrhundert; Sousse/Tunesien.

▼ *Medusa.* 2./3. Jahrhundert; Tarragona, Archäologisches Museum.

Frühchristliche und byzantinische Kunst

Frühchristliche Kunst

Vor allem die frühchristliche Kunst verbindet sich mit dem Wechsel des Mosaiks von der Boden- zur Wandfläche. Die christliche Bilderwelt der Mosaiken hält wohl schon um die Mitte des vierten Jahrhunderts Einzug in die Kirchen von Santa Maria Maggiore und Santa Pudenziana in Rom und danach das Mausoleum der Galla Plazidia in Ravenna. Dort füllen Personendarstellungen die Wände, nichtfigurative Dekorationen schmücken Wölbungen und Kuppel und daneben Szenen aus dem Alten und Neuen Testament, der Leidensgeschichte Christi, aus Wunderberichten und Gleichnissen. Hinzu kommen Wiedergaben von Vögeln, sonstigen Tieren und Pflanzen.

▼ Mittelmedaillon mit Kaiserbildnis. 4. Jahrhundert, Kathedrale von Aquilea.

▼ *Kaiserin Theodora* (Detail). 6. Jahrhundert; Ravenna, San Vitale.

▲ Mosaik vom Grab des Ampellius. 5. Jahrhundert; Tarragona, Archäologisches Museum.

Byzantinische Kunst

Die bedeutendsten byzantinischen Mosaiken aus der Zeit Justinians finden sich in den Kirchen Ravennas. In San Vitale zeigen sie den Kaiser Justinian und seine Gattin Theodora mit dem jeweiligen Hofstaat. Eine weitere Kirche mit bedeutender Mosaikenausstattung ist die Basilika Sant'Apollinare Nuovo.

Die byzantinischen Mosaiken, für die Würfelchen aus Glasmasse verwendet wurden, sind nicht glatt und poliert, sondern haben eine rauhe, unregelmäßige Oberfläche. Auch Tesserae unter Verwendung von Silber und Gold wurden schon benutzt, um überraschende und wechselnde Lichteffekte zu erzeugen. Vor allem aber setzte man mit großer Sorgfalt die Stückchen in unterschiedlichen Neigungswinkeln ein, um wirkungsvoll das Licht zu reflektieren – sei es tagsüber das Tageslicht oder bei Dunkelheit den Schein der Kerzen, die den Kirchenraum erhellten. Das führte zu eindrucksvoller Lebendigkeit der dargestellten Personen. Für Gesichter und Hände verwendete man farbige Steinchen, die erheblich kleiner waren als die für Haare und Kleidung benutzten Würfel.

Weitere großartige Mosaikzyklen bergen die Hagia Sophia in Istanbul (9. und 12. Jahrhundert), die Kathedrale von Monreale in Sizilien (spätes 12. Jahrhundert), Santa Maria in Torcello bei Venedig und der Markusdom in Venedig (jeweils aus dem 11. bis 15. Jahrhundert).

▲ *Kaiser Justinian* (Detail). 6. Jahrhundert; Ravenna, San Vitale.

◀ Bodenbelag des Mittelschiffs in Opus sectile (Detail). 12. Jahrhundert; Torcello bei Venedig, Basilika.

Islamische Kunst

Während des siebten Jahrhunderts erlebte die Mosaikkunst eine außerordentliche Blüte, indem sie sich von Konstantinopel aus sowohl nach Osten wie nach Westen ausbreitete.

Im Osten eroberten die Mosaiken Wände und Decken der zu jener Zeit entstehenden Moscheen, die sie an Stelle von Wandmalereien bedeckten. Während man jedoch viele Jahrhunderte lang an der Wandmalerei festhielt, wurden Mosaiken nur einige Jahrzehnte lang gefertigt.

Diese Mosaiken waren das Werk byzantinischer Künstler, die auf dessen Bitte hin der Kaiser in Konstantinopel dem Kalifen Walid Ibn Add-al-Malik gesandt hatte, um die Moscheen in Mekka, Medina und Damaskus auszuschmücken.

Themen dieser Arbeiten waren Landschaften mit perspektivisch dargestellten Häusern, Palästen und Tempeln sowie stilisierte Tiere, Bäume, Pflanzen und Blumen. Auch geometrische Muster, wie etwa achtzackige Sterne in einem Kreis, zählten dazu. Mit Rücksicht auf Koranvorschriften verzichtete man jedoch auf die Wiedergabe menschlicher Gestalten; demgegenüber finden sich dagegen Koransuren in kufischer Schrift.

Die Große Moschee in Damaskus ist, ganz abgesehen von ihrer architektonischen Bedeutung, außerordentlich auch durch den Reichtum an Mosaiken aus Goldtesserae.

▶ Vase mit Akanthusvolute (Detail). 7. Jahrhundert; Jerusalem, Felsendom.

Der Felsendom in Jerusalem aus dem siebten Jahrhundert ist außen mit Mosaiken bedeckt. In Cordoba wurde unter der Herrschaft des Kalifen Al-Hakkam II. (961-968) die Große Moschee ausgeschmückt mit Mosaiken, die Vögel, Löwen, Fische und anderes Getier zeigen, am Mihrab dagegen ausschließlich Pflanzen. Ihre Meisterleistungen erbrachten die mohammedanischen Mosaikkünstler jedoch auf dem Gebiet der rein geometrischen Dekoration.

Zusehends verzichtete man aber sowohl wegen der hohen Kosten als auch im Hinblick auf raschere Fertigstellung auf wertvolle Materialien, und so wurden Mosaiken und Marmor verdrängt durch Stuck, Holz und glasierte Fliesen.

▼ Bogen rechts am Mihrab (Detail). 10. Jahrhundert; Cordoba, Große Moschee.

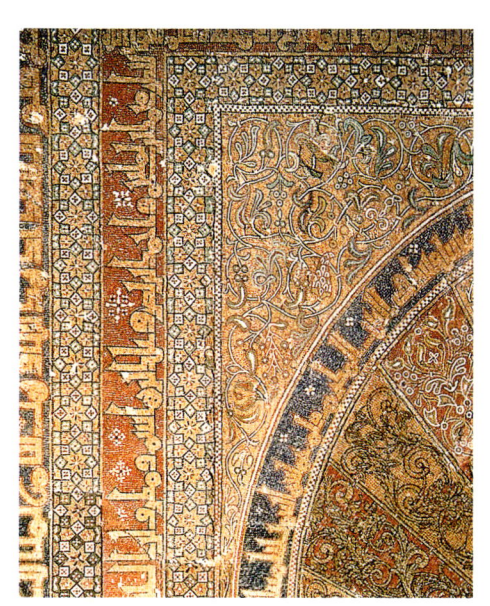

▲ Bodenmosaik im Thronsaal (Detail). 8. Jahrhundert; Jirbat-al-Mafjar, Kastell.

◀ Mosaik aus der Großen Moschee in Damaskus (Detail); 8. Jahrhundert.

Mittelalterliche Kunst

Mosaik-Bodenbeläge des Mittelalters sind ein Erbe aus römischer Zeit. Dafür fanden zwei Grundtechniken Verwendung, häufig nebeneinander: Opus sectile und Opus tesselatum.

Marmor oder harter Kalkstein wurde für die schwarzen, weißen und andersfarbigen Töne verwendet, für rote dagegen nahm man gebrannten Ton. Die Tesserae sind unregelmäßig, haben Seitenlängen zwischen 1 und 5 cm und sind auch ganz unterschiedlich dick. Die Betonbettung, in die sie eingefügt wurden, ist oft von geringer Qualität und enthielt zumeist Schotter und sogar kleine Steinchen.

Für Kirchen, in denen man sich einen dekorativen Bodenbelag wünschte, sich aber etwas Teureres nicht leisten konnte, fertigte man in jener Zeit gerne Kieselböden. Oft bedecken diese die gesamte Bodenfläche, ausgenommen die bedeutendsten Teile, die dem Opus sectile oder Opus tesselatum vorbehalten waren.

Dargestellt wurden Szenen aus dem Alten Testament und auch der Mythologie, aus volkstümlichen Legenden oder sonstigem Schrifttum und auch Tierkreiszeichen. Zahlreiche echte und Fabeltiere bevölkerten diese Böden. Kieselmosaik fand auch Verwendung für Privathäuser, und die Straßen der mittelalterlichen Städte wurden zumeist in dekorativer Musterung gepflastert. Solche Pflasterungen blieben teilweise bis heute erhalten, denn diese Art des dauerhaften Straßenbelags wurde erst vor wenigen Jahrzehnten von Beton und Asphalt verdrängt.

▲ Kieselmosaik in der mittelalterlichen Stadt Tossa de Mar in der spanischen Provinz Girona

▼ Kieselmosaik in der mittelalterlichen Stadt Tossa de Mar in der spanischen Provinz Girona

Altamerikanische Kunst

Die Künstler im präkolumbischen Amerika schufen bedeutende Werke aus Gestein wie Serpentin, Diorit, Gabbro und Onyx, Hartsteinen, aus denen sie Masken fertigten, die sie dann mit Mosaik aus Türkis, Jade, Korallen, Malachit sowie rötlichem und weißem Perlmutt überzogen und deren Augen sie mit Muschelschalen und Obsidian einlegten.

Solche Mosaiken bedeckten auch kostbare Gebrauchsgegenstände oder Schmuckstücke, wie etwa Spiegel oder runde Ohrringe mit Kriegerdarstellungen. Die Masken dagegen scheinen eine wichtige Rolle beim Totenkult und anderen Zeremonien gespielt zu haben und finden sich in zahlreichen Kulturen, so jener von Teotihuacan und bei den Mayas, Azteken, Mochicas, Tolteken, Zapoteken und Mixteken.

Die Steine für diese Mosaiken wurden mit Feuerstein zugeschnitten und facettiert und dann mit einem Naturkautschuk, genannt *Tzauhtli*, auf die entsprechenden Flächen geklebt. Durch das Polieren mit feinem Sand verlieh man ihnen dann entsprechenden Glanz.

In Mitla im Oaxacatal stieß man auch auf Gebäude mit Wandmosaiken. In die Außenmauern und die Wände der Haupträume hatte man kleine Löcher gebohrt und in diese rötliche Steinchen eingesetzt, die sich zu geometrischen Mustern verbinden.

▼ Keramikgefäß mit Einlagen aus Muschelschalen: Kopf eines Kriegers im Rachen eines Kojoten. Höhe 12,5 cm; toltekisch, 10./12. Jahrhundert, aus Tula/Hidalgo; Mexico City, Völkerkundemuseum.

▲ Doppelköpfige Schlange. Aztekisch, Türkismosaik mit Zähnen aus Muscheln.

▲ Scheibenförmige Ohrringe; Türkis, Gold und Perlmutt, mit vogelköpfigen Kriegern, die Schilde, Lanzen und Schleudern tragen. Durchmesser 10 cm, Mochica-Kultur, 1. bis 12. Jahrhundert.

◀ Spiegel mit Mosaik aus Türkis, farbigem Stein und Perlmutt. Huari-Kultur, 7.–10. Jahrhundert, Peru.

▼ Ritualmaske. Zedernholz mit Einlagen aus Türkis, Augen und Zähne aus Perlmutt. Höhe 16 cm; aztekisch; London, British Museum.

17

Vom vierzehnten bis neunzehnten Jahrhundert

Im vierzehnten Jahrhundert wurde das Mosaik weitestgehend von der Malerei verdrängt und verlor seine Bedeutung als eigenständige Kunstgattung. Allerdings lieferten einige bedeutende Maler Entwürfe für Mosaiken, so Giotto für eines der berühmtesten im Petersdom zu Rom.

Im Florenz der Medici erlebte im fünfzehnten Jahrhundert jedoch die Mosaikkunst eine neue Blüte, und Domenico Ghirlandaio schuf für den dortigem Dom sein berühmtes Verkündigungs-Mosaik.

Auch in Venedig, wo die aus Florenz übersiedelten Maler Paolo Ucello und Andrea del Castagno wirkten, entstand eine förmliche neue Schule des Mosaiks.

▲ **Giacomo Rafaelli:** Miniatur. Durchmesser 6,7 cm; 18. Jahrhundert; Rom, Privatsammlung.

▲ Miniatur, Durchmesser 7,6 cm. 19. Jahrhundert; Rom, Napoleonisches Museum.

▲ **Giacomo Rafaelli:** Miniatur. Durchmesser 6,2 cm; 19. Jahrhundert; Rom, Privatsammlung.

Im sechzehnten Jahrhundert entwarf, wiederum in Venedig, Tizian die Vorlagen für Wandmosaiken, die dann später ausgeführt wurden.

Im siebzehnten Jahrhundert errang Rom eine Vormachtstellung als Zentrum der Mosaikkunst und für die Ausbildung der Mosaizisten. Dies stand wesentlich im Zusammenhang mit der Ausschmückung des Petersdoms mit Mosaiken.

◀ Miniatur, 4,2 x 3,2 cm. 19. Jahrhundert; Rom, Sammlung L. Moroni.

Im achtzehnten Jahrhundert gewann das Mosaik neue Wertschätzung sowohl wegen seiner gegenüber Gemälden größeren Dauerhaftigkeit als auch wegen der Lebhaftigkeit der Farben, die sich obendrein nicht im Laufe der Zeit verändern. Besonders geschätzt werden sehr große Formate, die mit Glasmosaiksteinen als Reproduktionen von Gemälden angefertigt werden. Sie werden so meisterhaft ausgeführt, daß man erst ganz nahe herantreten muß, um überhaupt zu erkennen, daß es sich um Mosaiken handelt. Wegen der technischen Anforderungen verlangten sie erheblich mehr Aufwand als gemalte Miniaturen.

Miniaturmosaiken aus Würfelchen von nur 1 mm Seitenlänge fanden weite Verwendung zur Dekoration von kostbaren, kleinformatigen Gebrauchsgegenständen und auch von Möbeln.

In Frankreich wurde zu Beginn des neunzehnten Jahrhunderts auf dem Höhepunkt des Neoklassizismus eine kaiserliche Mosaikschule begründet, deren Hauptaufgabe die Restauration und Imitation klassischer Stücke war.

Um die Mitte des vorigen Jahrhunderts begründete der russische Zar Nikolaus I. eine Mosaikschule in Rom, die später nach St. Petersburg verlegt wurde und in der zahlreiche Gemälde als Mosaiken reproduziert wurden.

◀ **Nicola de Vecchis:** Vase aus den Vatikanischen Werkstätten, Durchmesser 20,7 cm, 18. Jahrhundert; Los Angeles, County Museum of Art.

▼ **Giacomo Rafaelli:** Miniatur, 7 x 5,2 cm; 18. Jahrhundert; Rom, Privatsammlung.

Das zwanzigste Jahrhundert

Im letzten Viertel des neunzehnten Jahrhunderts entstanden wieder Originalmosaiken, doch waren sie von nur geringer künstlerischer Bedeutung. Im Jahre 1900 jedoch erfuhr die Mosaikkunst eine außerordentliche Neubelebung durch das geniale Wirken des katalanischen Architekten Antoni Gaudí. Dessen Mosaiken, zumeist nicht-figürlich, bedecken schuppenartig die Wände von Gebäuden, deren Dächer, Kamine und Kuppeln, aber auch die geschwungenen Bänke im Güell-Park, treten als Medaillons in der dortigen Säulenhalle auf oder umhüllen den Drachen am Eingang dort wie eine Haut. Sie wurden geschaffen aus Bruchstücken von Keramikfliesen oder Glas- und Porzellanstückchen, die man auf katalanisch *Trencadís* nennt und die in Mörtel eingebettet werden. Auch andere Bauten in Barcelona, darunter die berühmte Kirche Sagrada Familia, versieht der Künstler mit Mosaiken.

Weitere Mosaiken, darunter jene an den Wänden von Sacre-Coeur in Paris (1912 - 1922) oder die an der Fassade des Palazzo Barbarigo am Canal Grande von Venedig (1920) sind Beispiele für eine Renaissance der Mosaikkunst, die aufs neue zur eigenständigen Kunstgattung wird und zugleich die neue Persönlichkeit des „Mosaikkünstlers" hervorbringt, der seine Mosaiken sowohl entwirft als auch anfertigt.

Zwischen den beiden Weltkriegen schafft in dieser Weise der italienische Maler Giulio Severini zahlreiche Mosaiken. Andere berühmte Künstler, wie Marc Chagall, Gustav Klimt, Oskar Kokoschka und Georges Braque liefern Entwürfe für Mosaiken. Als weitere Künstler, die Mosaiken schufen, sollte man erwähnen Fernand Leger, Lucio Fontana (der einige seiner weiblichen Skulpturen mit Mosaiken verkleidete) und David Alfaro Sigueiros, den mexikanischen Maler und Freskengestalter, der die Mosaiken des Rektorats der Universität von Mexiko fertigte. Jene für deren Bibliothek sind Juan O'Gorman zu verdanken, die für die Medizinische Fakultät Eppens, und andere wieder Diego Riviera und Rufino Tamayo.

Viele weitere Künstler haben die Tradition des Mosaiks fortgeführt, die Gebäuden oder darin befindlichen Böden einen sehr persönlichen und ausgeprägten Charakter verleihen. Ich selbst bin überzeugt davon, daß dies eine Kunst ist, die nicht nur überdauern wird wegen der dabei verwendeten Materialien, sondern aufgrund ihrer eigenen Bedeutung; ich verkenne dabei freilich nicht den Nachteil, der sich aus der nur langsamen Fertigstellung ergibt und der damit im Widerspruch steht zu unserer heutigen, ganz auf Wirtschaftlichkeit und Schnelligkeit ausgerichteten Zeit, in der man als Termin gerne „möglichst gestern schon" nennt.

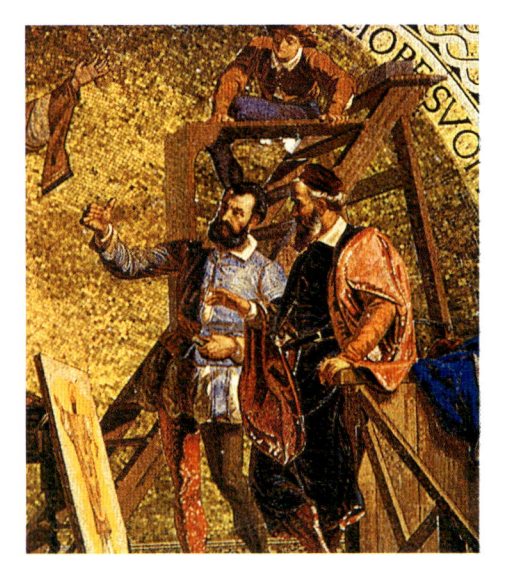

▲ Fassade des Palazzo Barbarigo (Detail). 20. Jahrhundert, Venedig.

▼ **Georges Braque:** Tauben

▲ **Antoni Gaudí:** Blumen (Detail einer Bank). Barcelona, Güell-Park.

▼ David Alfaro Sigueiros: Mosaik am Rektorat der Universität von Mexiko (Detail); 1952–1956, Mexico City.

▼ **Fernand Leger:** *Fassade des Musée Leger* (Detail); Biot/Frankreich.

Materialien und Werkzeuge

Von frühesten Zeiten an bis heute haben die Mosaikkünstler für ihre Werke durchaus unterschiedliche Materialien verwendet. Unverändert aber blieb der Einsatz von Stein in der Form von (unter anderem) Kieseln, Marmor oder Granit. Die spätere Einführung von Glasfluß verbreiterte vor allem die Farbpalette für solche Arbeiten. Auch Halbedelsteine fanden Verwendung, und all diese Materialien erforderten zunächst einmal Werkzeuge zu ihrer Zerkleinerung. Daher kam es frühzeitig zum Einsatz von Hämmern und Meißeln, Schrotkeilen, Brechzangen und Steinsägen und schließlich mechanischen Instrumenten, die das Zerteilen und Zuschneiden der unterschiedlichsten Materialien ermöglichten.

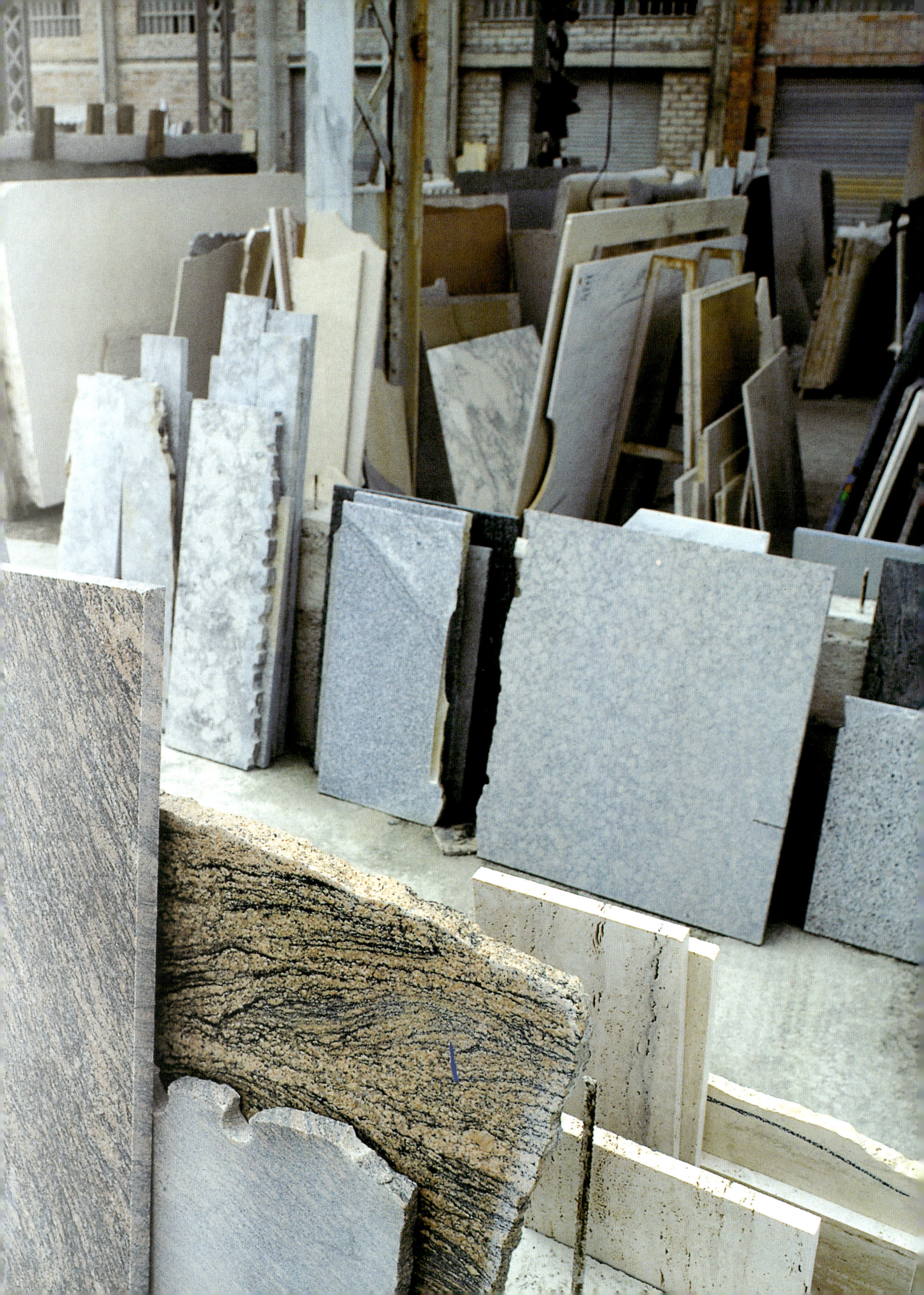

Materialien

Für die Herstellung der Mosaiksteinchen oder Tesserae empfiehlt sich die Verwendung von Materialien, die sich nicht im Laufe der Zeit verändern. Zudem sollten sie so beschaffen sein, daß man sie gut zertrennen kann, ohne daß sie dabei zerbröckeln. Daher ist es wenig verwunderlich, daß die Mosaizisten der Antike Gestein für ihre Zwecke wählten. Dieser die Erdkruste bildende Rohstoff, der freilich auch gewissen Veränderungen unterworfen und geologischen Einflüssen ausgesetzt ist, kann nach seinem Ursprung in drei Hauptgruppen unterteilt werden: Eruptivgestein, Sedimentgestein und metamorphisches Gestein.

Eruptivgestein

Eruptivgestein entstand durch Abkühlung und damit Verfestigung glühender Magmamasse aus dem Erdinneren.

Bei den sogenannten intrusiven oder plutonischen Gesteinen spielte sich diese Abkühlung in den tieferen Schichten der Erdkruste sehr allmählich ab, was zu festkörnigen Gesteinsarten mit dichter, geschlossener innerer Struktur führte.

Gestein vulkanischen Ursprungs (Ergußgestein) entstand, als das Magma an die Erdoberfläche trat. Dabei bildeten sich feinkörnige Arten wie etwa der Basalt oder auch der glasartig wirkende Obsidian.

Alle diese Gesteine sind sehr hart und demzufolge auch am schwierigsten zu bearbeiten.

Granit

Granit besteht gewöhnlich aus Quarz, Feldspat und Glimmer. Deren jeweilige Anteile sind unterschiedlich; je höher der Quarzanteil ist, desto härter und schwerer zu bearbeiten ist der Stein, weil die betreffenden Kristalle weder durch atmosphärische Einflüsse noch durch Säuren verändert werden. Die gewöhnlich recht helle Färbung hängt von der Zusammensetzung ab; der Feldspat kann rosarote und rötliche Tönungen bewirken, der Glimmer dunklere Grau- und Grüntöne. Nach der Mohsschen Härteskala hat Granit eine Härte zwischen 6 und 8, ist demgemäß schwierig zu bearbeiten, aber überaus dauerhaft und kann durch Politur zu schönem Glanz gebracht werden.

Syenit

Der Syenit zählt zur Granitfamilie und besteht aus alkalischem Feldspat, Plagioklas (einer anderen Feldspatform) und Hornblende; er kann ferner Biotit, Augit und Olivin enthalten. Auch er ist zumeist hell, doch können seine unterschiedlichen Tönungen von Pinkfarben und Violett bis Grau und Grün reichen. Die rötlichen Varianten gehen auf Hämatitpigmente im Feldspat zurück. Seine Struktur ist körnig, und er läßt sich gut polieren. Wegen seines geringeren Quarzanteils ist er weniger hart als Granit und daher leichter zu bearbeiten.

Diorit

Diorit ähnelt dem Granit, ist ein Intrusivgestein von mittlerer Körnung und sehr hart. Zusammengesetzt ist er aus alkalischem Feldspat und Quarz sowie Hornblende und Biotit. Er ist gewöhnlich dunkelgrau und umso schwärzlicher, je höher der Anteil an Hornblende ist. Der Anteil an Quarz übersteigt gewöhnlich nicht 20 %. Er ist sehr widerstandsfähig und fest und damit entsprechend schwer zu bearbeiten und zu polieren.

▲ Granit

◄ Syenit

▼ Diorit

◀ Gabbro

▶ Basalt

◀ Diabas

▼ Porphyr

▼ Obsidian

Gabbro

Gabbro ist ein voll kristallisiertes Eruptivgestein aus Kali- und Natronfeldspat, Plagioklasen und Quarz. Gewöhnlich ist er grau, doch kommt es vielfach zu Veränderungen zu weißen und grünlichen Tönen. Er ist zwar sehr hart, läßt sich aber gut schneiden und polieren.

Basalt

Basalt ist ein sehr dichtes und hartes Gestein vulkanischen Ursprungs, dabei jedoch leichter zu bearbeiten als Granit und auch gut zu polieren. Er besteht aus Plagioklasen, Kalifeldspat und Quarz. Seine Farbpalette reicht von Schwarz über Blau, Grau und Grün bis zu rötlichen Varianten, gelegentlich hat er metallischen Glanz. Vom Vorkommen her zählen die Basalte zu den wichtigsten Eruptivgesteinen der Welt.

Diabas

Auch der Diabas ist sehr hart und kompakt und widersteht atmosphärischen Einflüssen. Er ist sehr schwer zu schneiden, läßt sich jedoch gut polieren. Seine Farbe reicht von Dunkelgrün bis zum nahezu schwärzlichen Dunkelgrau.

Porphyr

Der dunkelrote Porphyr enthält in seiner kompakten, kristallinischen Masse Feldspatkristalle; er ist sehr hart, und sowohl das Schneiden wie das Polieren ist mühsam.

Obsidian

Dieses Gestein vulkanischen Ursprungs entstand aus geschmolzener Lava, die sich glasartig verfestigte; seine Struktur weist keine Kristalle auf. Er ist hart und zersplittert leicht, läßt sich aber gut polieren; er ist zusammengesetzt aus Quarz, Eisen, Kalzium, Natrium und Kalium. Obsidian ist sehr dunkel und sogar schwarz.

Sedimentgestein

Sedimentgestein entstand unter Einwirkung atmosphärischer Vorgänge aus metamorphischem oder Eruptivgestein. Dies geschah in drei Stufen: dem eigentlichen Entstehen dieser Materialien, ihrem Transport über oft weite Strecken und schließlich der „Sedimentierung", also Ablagerung der Massen aus mineralischen und organischen Teilen.

Infolge der Schwerkraft setzten sich diese Massen ab und wuchsen auf zu übereinanderliegenden Schichten. Während eine davon sich vielleicht schon verfestigte, lagerte sich darüber eine andere ab, unter Umständen von anderer Zusammensetzung. Dieser Vorgang wiederholte sich, und durch den Gewichtsdruck entstanden allmählich Schichten neuen Gesteins.

Die beiden wichtigsten Gesteinsarten, die auf diese Weise entstanden, sind Sandstein und Kalkstein.

Sandstein

Sandstein besteht aus kleinen Sandkörnchen mit hohem Siliziumanteil, aber auch Anteilen von Feldspat und Glimmer. Es gibt auch Abarten aufgrund unterschiedlicher Zusammensetzung der Bindemittel, die wesentlich den Charakter des jeweiligen Gesteins bestimmen. Am widerstandsfähigsten ist Quarzsandstein wegen des hohen Siliziumanteils. Sandsteine sind gewöhnlich erdfarben; Ockertöne herrschen vor, doch gibt es auch graue Varianten. Sie sind zumeist porös, weswegen sie sich auch gewöhnlich nicht polieren lassen.

Kalkstein

Kalkstein entstand aus kalkhaltiger Materie (z.B. Ablagerung von Muscheltieren u.ä.) und besteht zu über 75 % aus Kalziumkarbonat ($CaCO_3$). Manche Kalksteinarten wirken wegen ihrer Körnung, Maserung und Dichte wie Marmor. Kalkstein läßt sich gewöhnlich gut schneiden und vorzüglich polieren. Seine Färbung reicht von Weiß über Gelblich bis Hellgrau, Verunreinigungen führen zu jeweils dunklerer Tönung.

Alabaster

Alabaster ist eine Gipsvarietät, kristallines Kalziumkarbonat; er ist durchscheinend und gewöhnlich weiß, jedoch gibt es auch gelbliche, pinkfarbene, bräunliche, graue und sogar schwarze Varianten. Er ist ziemlich weich (Härtegrad auf der Mohsschen Skala nur 3), daher wenig widerstandsfähig auch gegenüber Witterungseinflüssen, aber entsprechend leicht zu bearbeiten und vorzüglich zu polieren.

Travertin

Dieses Gestein entsteht durch chemische Reaktion, nämlich durch die Ausfällung von Kalziumkarbonat auf Wasserpflanzen in Wasser, das Kohlendioxid enthält. Es ist dicht, feinkörnig und porös, leicht zu bearbeiten und zu polieren, und seine Färbung reicht von hellem Gelb zu Braun und Pinkfarben.

▲ Sandstein

▼ Kalkstein

▼ Alabaster

▼ Travertin

Metamorphisches Gestein

Metamorphisches Gestein entsteht durch mineralische und strukturelle Veränderungen bereits vorhandenen Eruptiv- oder Sedimentgesteins. Diese Veränderungen, die neue Gesteinsarten hervorbringen, werden ausgelöst durch Druck, hohe Temperatur, chemische Prozesse und Rekristallisation. Zu den bekanntesten Arten solcher metamorphischer Gesteine zählen Schiefer, Marmor, Steatit und Serpentin.

Schiefer

Schiefer ist ein blättriges, plattenbildendes Gestein, das aus tonigen Ablagerungen entstand. Seine Struktur macht die einzelnen Bestandteile, wie Feldspat, Tonerde, Quarz und Glimmer sichtbar. Schiefer ist sozusagen verfestigter Ton, der sich leicht in Platten abspalten und insgesamt mühelos bearbeiten läßt. Seine Farbe reicht von Blaugrau bis Grün, er ist wasserundurchlässig und wetterbeständig und läßt sich auch gut polieren.

Marmor

Marmor besteht im wesentlichen aus Kalziumkarbonat ($CaCO_3$) sowie Mineralien wie Silizium, Eisenoxid, Glimmer, Hornblende, Turmalin, Kupferpyrit, Chlorit, Tonerde (Aluminiumoxid) und Eisenpyrit. Diese Beimengungen oder „Unreinheiten" wirken sich einerseits auf die Härte und Widerstandsfähigkeit des Marmors aus, andererseits auf seine Färbung. Man unterscheidet drei Haupttypen des Marmors:

Kalzitmarmor: Zu 95 % aus Kalzitkristallen bestehend.

Dolomitmarmor: Besteht zu etwa 54 % aus Kalziumkarbonat und zu 46 % aus Magnesiumkarbonat ($MgCO_3$).

Mischmarmor: Sozusagen eine Mischform aus den beiden obigen Variationen mit unterschiedlichen Anteilen der jeweiligen Bestandteile.

Die unterschiedlichen Färbungen des Marmors werden durch die Unreinheiten im Kalziumkarbonat verursacht. In reiner Form kommt Kalziumkarbonat kaum vor, und der berühmte Marmor aus Carrara in Italien, zu 99,9 % aus diesem bestehend, ist eine große Ausnahme, denn nur in ganz wenigen Ländern findet man überhaupt weißen Marmor. Sehr viel verbreiteter sind Lagerstätten von farbigem Marmor, bei dem das Weiß des Kalziumkarbonats durch Farbpigmente verändert wurde. Gelber Marmor verdankt seine Färbung dem Limonit, einem Eisenhydroxid, roter dem Eisensesquioxid oder rotem Hämatit. Die Farbpalette reicht dabei von Rosa bis Rot. Schwarzer Marmor enthält Beimengungen mit hohem Kohlenstoffgehalt. Marmor ist insgesamt sehr widerstandsfähig, läßt sich jedoch tadellos bearbeiten und auch polieren. Dennoch ist er weniger hart als Granit, jedoch erheblich härter als die meisten Kalksteine.

Steatit

Steatit, auch Speckstein genannt, ist ein feinkörniges, dichtes und festes Talkmineral, das sich bei der Berührung fettig anfühlt. Chemisch gesehen ist es hydriertes Magnesiumsilikat. Steatit läßt sich sehr gut polieren und erinnert vom Aussehen her stark an Marmor. Die Farbpalette reicht von Weiß über Grau bis Gelb und Grün, und es gibt sogar eine rötliche Art. Da er auf der Mohsschen Skala nur einen Härtegrad von 1 hat, läßt er sich leicht schneiden, sogar mit einem einfachen Messer, ist aber auch leicht zerbrechlich.

Serpentin

Serpentin ist durch Veränderung der chemischen Zusammensetzung aus Olivin entstanden, chemisch Magnesiumhydrosilikat ($2SiO_2.3MgO.H_2O$). Er ist grünlich, gelegentlich rötlich, und gesprenkelt. Da er frisch noch relativ weich ist, läßt er sich recht leicht bearbeiten, wird jedoch mit der Zeit sehr hart; er läßt sich sehr gut polieren.

▲ Schiefer

▲ Marmor

▼ Serpentin

◄ Steatit

Gestein als Arbeitsmaterial

Gestein war das erste Material, mit dem Mosaikkünstler arbeiteten; das gilt sowohl für Kieselbeläge auf Straßen von Siedlungen als auch für schmückende Bodenbeläge.

Gestein erwies sich als besonders geeignete Ausgangsbasis für die einzelnen Teilchen zur Gestaltung solcher Mosaiken aufgrund der Vielfalt von Sorten, der Widerstandsfähigkeit, der vielerlei Farben und zugleich deren Beständigkeit.

Im allgemeinen benutzte man Naturgestein, das sich am Ort des geplanten Mosaiks oder in der unmittelbaren Umgebung fand, griff aber für bestimmte gewünschte Farbvarianten auch schon auf Gestein zurück, das man aus entfernteren Gegenden heranschaffte; auch Steine von Gebäuden wurden wiederverwendet.

Am häufigsten diente Marmor als Grundmaterial, aber Tesserae wurden auch aus Granit, Serpentin, Porphyr und Basalt gefertigt.

Schließlich wurden wegen deren ungewöhnlicher Färbung auch Halbedelsteine, wie Malachit, Obsidian, Onyx, Quarz, Sodalit, Jade, Achat usw. zur Herstellung von Mosaikwürfeln herangezogen, wenn auch nur in bescheidenem Umfang.

▲▼ Maschinell zugeschnittene und polierte Streifen und Platten verschiedener Stärken und Abmessungen aus Marmor, Travertin und Granit

▼ Industriell hergestellte Fliesen aus Marmor und Onyx im Format 30 x 30 x 1 cm. Sie lassen sich mit einer Diamanttrennscheibe oder Brechzangen gut zerteilen.

▲ Maschinell polierte Marmor- und Granitplatten

▼ Kiesel sind sehr harte kleine Steine, die sich in vielen Größen und (gewöhnlich gedämpften) Farben finden. Es gibt flache sowie rundliche und eiförmige, die man mit Hammer und Meißel zertrennen kann.

▼ Schieferbrocken und zugesägte Schieferplatte.

Glasförmige Materialien

Nachdem wir ausführlich Gesteine als Ausgangsbasis für die Mosaikherstellung vorgestellt haben, wollen wir uns weiteren Materialien zuwenden, aus denen man Tesserae fertigt. An erster Stelle steht dabei Glasmasse, auch Glasschmelz oder Glasfluß genannt.

Dabei handelt es sich um farbiges Glas, das durch Zusatz von Metalloxiden gefärbt und undurchsichtig gemacht wurde. Weitere Beimengungen, welche die Verglasung, Verflüssigung und sonstiges bewirken, sind Silizium, Kalk, Natron, Kaliumkarbonat, Aluminium, Bleioxid, Borsäure, Phosphorsäure usw. Zur Färbung dienen Oxide von Kobalt, Kupfer, Chrom, Uranium, Nickel, Eisen, Silber, Mangan usf.

Diese Rohstoffe werden zu Pulver zermahlen und vermischt und dann in Schmelztiegeln in einem Ofen bei Temperaturen bis zu 1.500 und 1.600 Grad geschmolzen. Die zähflüssige Masse wird in Scheiben gegossen, die dann in einen Kühlofen eingeschoben werden, um dort sehr allmählich abzukühlen. Sobald sie erkaltet sind, kann man sie in entsprechende Stücke zerschneiden.

◀ Glasfluß-Tesserae aus Murano bei Venedig

▼ 3 und 4 mm starke Platten aus gefärbtem Glas; man kann sie mit einem Glasschneider zertrennen.

▲▶ Handelsübliche Bogen mit industriell gefertigten Mosaiksteinchen im Format 40 x 40 cm; die Steinchen lösen sich von der Papierfolie, sobald man diese ins Wasser legt. Oben lose Steinchen aus gleichem Material, je 20 x 20 x 4 mm groß.

Keramikmaterial und Halbedelsteine

Keramikmaterial

Gerne benutzt werden als Material für Mosaiken auch Scheibchen aus glasierter Keramik. Ihre Beliebtheit beruht auf den leuchtenden Farben der Glasuren, aus der leichten Zertrennbarkeit und natürlich nicht zuletzt auf dem günstigen Preis gegenüber Marmor oder auch Glasflußtesserae.

◀ Keramikplättchen aus in der Masse gefärbtem Steinzeugton, gebrannt bei 1.250 bis 1.280 Grad. Sie lassen sich sowohl mit der Brechzange wie mit dem Fliesenschneider leicht zertrennen. Ihre Oberfläche ist matt, da sie nicht glasiert wurden.

◀ Scheiben aus doppelt gebrannter Keramik, die man – da sie unglasiert sind wie die Plättchen oben – bemalen oder unbemalt lassen kann und die bei Temperaturen zwischen 900 und 1.250 Grad gebrannt wurden. Ihre unterschiedliche Färbung hängt sowohl von den beigemischten Oxiden als auch von der Brenntemperatur ab. Man kann sie mit der Brechzange, einem Fliesenschneider oder, wenn sie sehr dick sind, einer Naßsäge zerteilen.

▼ Glasierte Keramikplättchen, die in vielen Farben und Abmessungen angeboten werden; sie lassen sich sowohl mit der Brechzange als auch mit einem Fliesenschneider leicht zertrennen.

▶ Bruchstücke glasierter Keramik verschiedener Herkunft, die man sogar ohne weiteren Zuschnitt verarbeiten kann. Bei der Anwendung für das sogenannte „opus incertum", das mit großem Erfolg vor allem im Modernismus in Blüte stand, lassen sich damit effektvolle Resultate erzielen.

Halbedelsteine

Weitere, ebenfalls in Frage kommende Materialien, wie etwa Halbedelsteine (Achat, Jade, Onyx, Malachit, Lapislazuli usw.) bieten zusätzliche Probleme, so etwa die hohen Kosten und das Erfordernis spezieller, aufwendiger Werkzeuge zum Zertrennen. Andererseits ist die Wirkung, die man mit derartigen Materialien erzeugen kann, unübertrefflich.

◀ Eine Auswahl von Halbedelsteinen, wie man sie in Spezialgeschäften erwerben kann; zu sehen sind unter anderem Lapislazuli, Achat, Jaspis, Quarz, Malachit, Sodalit, Howlit, Türkenit und Amethyst.

Werkzeuge

Die Hauptwerkzeuge des Mosaizisten sind natürlich seine Hände, aber weil das Material, das er verarbeitet, hart ist, braucht er dazu auch entsprechendes Gerät, sowohl für den Handeinsatz als auch maschinell betriebenes. Auch wenn die reine Handarbeit befriedigender und romantischer erscheinen mag, darf man nicht vergessen, daß allein schon der Zuschnitt der Tesserae einen großen Teil der für die Herstellung eines Mosaiks benötigten Zeit in Anspruch nimmt und sich schon aus Gründen der Zeitersparnis, aber auch wegen der Exaktheit des Zuschnitts der Einsatz mechanischer Werkzeuge empfiehlt. Die Zeit, die man durch deren Verwendung gewinnt, läßt sich sinnvoller für den künstlerischen Schöpfungsprozeß nutzen.

Das Handwerkszeug

Von alters her waren die wichtigsten Werkzeuge für einen Mosaizisten, insbesondere für die Vorbereitung des aus Gestein bestehenden Materials, Hammer und Meißel, Brechzangen und nicht zuletzt ein sogenanntes Umschlageisen, eine Art von kleinem Amboß. Für den Zuschnitt der Würfelchen aus Glasmasse braucht man einen Glas- oder Diamantschneider, und für Keramikmaterial einen Fliesenschneider.

Im folgenden werden die entsprechenden Geräte vorgestellt, sowohl solche für den Handeinsatz wie maschinell betriebene; sie sind vollständig ausreichend selbst für eine professionelle Mosaikwerkstatt. Entscheidend für gute Mosaikgestaltung ist ihre passende Wahl für den gewünschten Zweck und ihre richtige Benutzung.

◄ Der Kasten oben um den Dorn dient zur Aufnahme der abgetrennten Tesserae, aber auch zum Auffangen der beim Zerteilen anfallenden Splitter.

▼ Der Dorn selbst; die Breite der Schneide kann sich unterscheiden, je nachdem man schmale Streifen oder Scheiben zerteilen will.

Werkzeuge und ihre Formen

Das Umschlageisen
Dieser metallene Trennkeil, vielfach vereinfachend nur Dorn genannt, ist sozusagen ein kleiner Amboß, der an der Oberseite eine dreieckige Schneide hat und an der Unterseite einen zylindrischen Fuß, der in einen hohen Klotz eingefügt wird. Auf ihn werden Steine, Streifen oder Platten aus Marmor oder (wenn sie dick sind) auch solche aus Glasmasse aufgelegt, um sie in entsprechend kleine Stücke zu teilen.

Dabei empfiehlt sich oben auf dem Hackklotz um den Dorn herum die Anbringung eines Holzkastens zum Auffangen der Splitter.

▶ Dorn auf einem etwa 90 cm hohen Stück eines Baumstamms als Hackklotz. Das Holz fängt die Vibrationen auf, die bei den Hammerschlägen auf die Steine oder sonstigen Materialien entstehen.

▼ Hämmer mit geraden und mit schneidenden Schlagflächen. Die beiden Hämmer links werden zusammen mit dem Dorn verwendet. Der damit auf den Kiesel oder den Streifen oder die Scheibe aus anderem Material geführte Schlag bewirkt die Abtrennung.

30

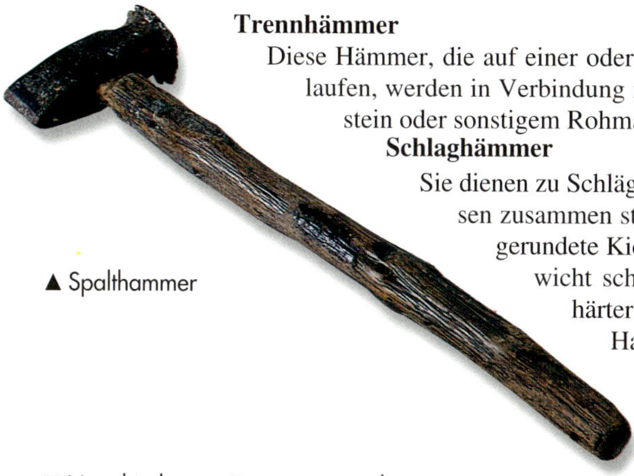

▲ Spalthammer

▼ Verschiedene Zangen: Brechzange (A), Flachzange (B), Japanische Zange (C)

A
B
C

▼ Meißel

Trennhämmer
Diese Hämmer, die auf einer oder auf beiden Seiten schneidenartig zulaufen, werden in Verbindung mit dem Dorn zum Zerteilen von Gestein oder sonstigem Rohmaterial benutzt.

Schlaghämmer
Sie dienen zu Schlägen auf die Meißel und sollten mit diesen zusammen stets verwendet werden, wenn man abgerundete Kiesel oder Steine zerteilen will. Ihr Gewicht schwankt zwischen 500 und 1000 g. Je härter der Stein ist, desto schwerer muß der Hammer sein.

Spalthammer
Dies ist ein beilartiger Hammer mit einer Schneide an der einen Seite und einer schweren quadratischen Schlagfläche auf der anderen; er dient, wie schon sein Name sagt, zum Zerspalten von Stein- oder Marmorscheiben.

Meißel
Sie werden im Verein mit den Hämmern zum Zerteilen von Gestein verwendet. Dabei ist es wichtig, daß dieses auf einer festen Unterlage und mit sicheren, entschlossenen Schlägen erfolgen muß.

Brechzangen
Diese kräftigen Zangen benutzt man zum Zertrennen kleiner Steine und zum präzisen Zuschneiden der Tesserae. Sie müssen scharfe Schneiden und lange Griffe haben, damit eine gute Hebelwirkung erzeugt wird.
Es gibt verschiedene Formen davon, darunter auch die sogenannten „japanischen Zangen", bei denen eine Feder die Griffe auseinanderspreizt. Flachzangen haben ihrerseits flache Backen und dienen zum Festhalten von Scheiben oder Streifen aus Marmor oder sonstigem Material, wenn diese zum Beispiel mit der Trennscheibe angeritzt werden sollen.

Handwinkelschleifer
Dieses Elektrogerät, gemeinhin einfach „die Flex" genannt und mit einer schnell rotierenden Tungstenkarbid- oder Diamantscheibe ausgestattet, kann man zum Zertrennen von Marmor und anderem Gestein verwenden und auch zum Polieren. Man sollte es stets nur mit konzentrierter Aufmerksamkeit einsetzen und dabei nie auf Schutzbrille, Staubmaske und Handschuhe verzichten. Da es zu hoher Staubentwicklung kommt, ist außerdem der Einsatz im Freien vorzuziehen.

Elektrosäge (Naßsäge)
Dieses mit einem diamantbesetzten Kreissägeblatt ausgestattete und mit einer Wasserkühlung versehene vielseitige und praktische Gerät dient zum Zerschneiden und Nuten von Marmor, Granit, Keramikplatten usw.

▲ Elektro-Handwinkelschleifer („Flex")

▲ Elektrosäge (Naßsäge)

▲ Schutzbrille und Staubmaske

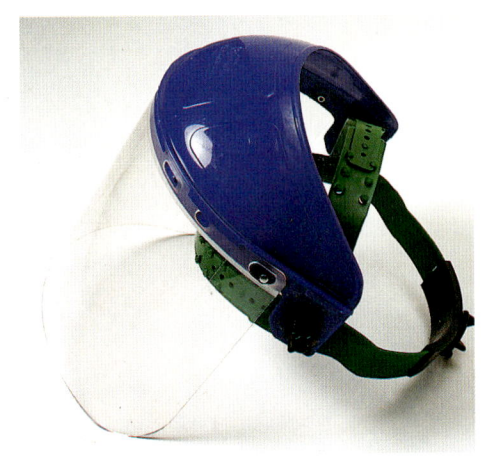

▲ Gesichtsschutz

▲ Lederhandschuhe

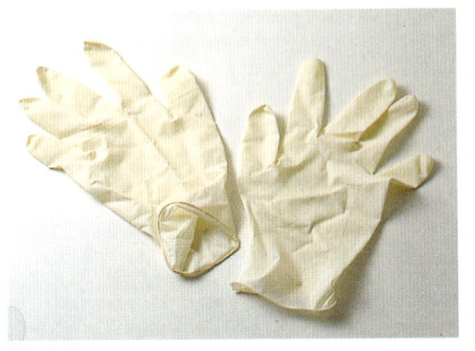

▲ Gummihandschuhe

▶ Fliesenschneider

Staubmaske und Schutzbrille
Beide sollte man stets beim Umgang mit der Flex und auch beim Zertrennen auf dem Hackklotz tragen, um sich vor Steinstaub und herumfliegenden Splittern zu schützen.

Gesichtsschutz
Aus Plastik bzw. Plexiglas, ist diese Schutzmaske vor allem für die Arbeit mit der Flex zu empfehlen.

Handschuhe
Lederhandschuhe sind vorteilhaft beim Arbeiten mit der Flex sowie mit Hämmern, Meißeln und dem Dorn, Gummihandschuhe beim Umgang mit Klebstoffen und Epoxidharzen und beim Anrühren des Mörtels.

Fliesenschneider und Fliesenbrecher
Wie sein Name erwarten läßt, dient der Fliesenschneider zum Zerteilen von Fliesen. Dafür ist er ausgestattet mit einem kleinen Hartmetallrädchen, das an einem Arm befestigt ist, der zwischen zwei seitlichen Führungsstäben über das Schneidgut geführt wird.

Der gemeinsam mit dem Fliesenschneider zum Einsatz gelangende Fliesenbrecher wird für sehr harte Fliesen oder Platten benötigt. Seine Hauptteile sind eine Zwinge, welche die Fliese oder Platte an einer bestimmten Stelle festhält, und ein Hebelarm. Wenn man diesen betätigt, wird an der entsprechenden Stelle Druck ausgeübt und die Fliese bzw. Platte bricht entlang einer eingeritzten Linie.

Der Glasschneider
Dieses Glaserinstrument ist vorne mit einem kleinen Diamanträdchen ausgerüstet und dient zum Zuschneiden von Tesserae aus Glasfluß oder Zerteilen von Glasplatten.

Pinzetten
Diese kleinen, greifzangenähnlichen Werkzeuge aus Metall sind nützlich

▶ Fliesenbrecher

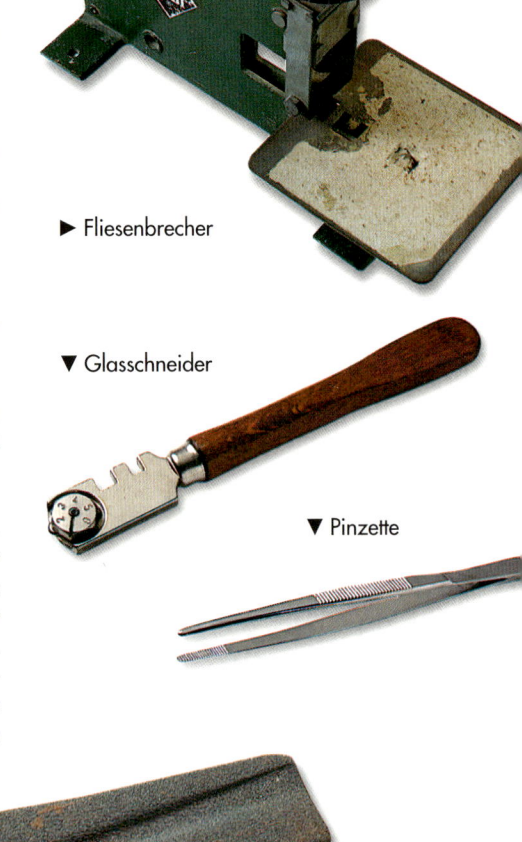

▼ Glasschneider

▼ Pinzette

◀ Schleifsteine

▶ Kelle und Spitzkelle

für das Aufnehmen und Einsetzen sehr kleiner Würfelchen beim Zusammenfügen des Mosaiks.

Schleifsteine

Schleifsteine aus speziellem Gestein braucht man zum Schärfen von Werkzeug und zum Glätten der Kanten der Tesserae.

Kellen

Kellen benötigt man, um in der Mischwanne Zement und Sand zu vermengen und die Mischung dann auf die Rückseite des Mosaiks aufzutragen.

Spitzkelle

Die Spitzkelle ist eine kleine, vorn spitz zulaufende Kelle, die sich ideal eignet zum Auftragen von Mörtel in sehr kleinen Mengen, zum Verfugen von Zwischenräumen und zum Anrühren von Klebemörtel (Traßzement, mit Klebstoff versetzt).

Mischwanne

In diesem Behältnis aus Holz, Plastik oder Gummi mischt man den Mörtel.

Spachtel

Spachtel braucht man zum Ausfugen der Zwischenräume mit Kitt oder dergleichen auf ebenen Flächen.

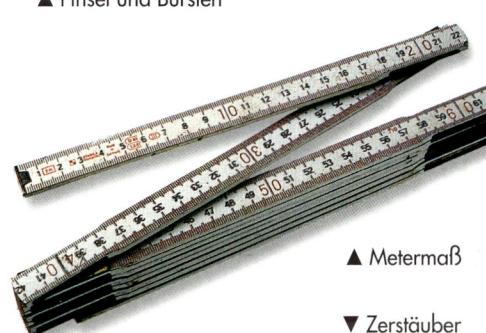

Winkelmaß (Anschlagwinkel)

Dies ist ein rechter Winkel aus Metall, Holz oder Plastik, dessen einer Arm eine Maßeinteilung hat.

Wasserwaage

Hauptzweck dieses Instruments ist das Nachmessen, ob eine Fläche oder Kante genau senkrecht oder waagrecht ist.

Pinsel, Bürsten, Schwämme

Diese Utensilien werden zum Säubern des Mosaiks von Beton-, Kitt- oder Klebstoffresten benötigt.

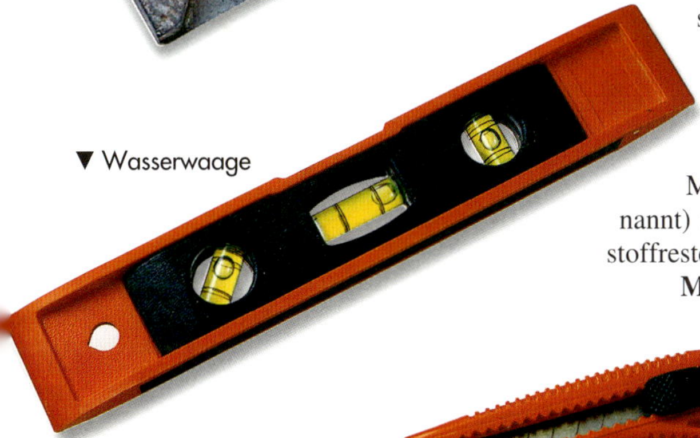

Schere und Cutter

Beide braucht man zum Ausschneiden von Vorlagen oder Schablonen für ein Mosaik. Der Cutter (auch Universalmesser genannt) ist auch nützlich zum Abschaben von Klebstoffresten auf den Tesserae.

Metermaß

Ein Metermaß ist unerläßlich für das Ausmessen und Auftragen von Abständen.

Zerstäuber

Ein Zerstäuber erweist sich als sehr nützlich, um das Mosaik während der Arbeit daran feucht zu halten oder auch Ton und Sand. Er verfügt über eine kleine Feder, durch die das Wasser nach oben gepumpt und fein versprüht wird.

▲ Mischwanne
▼ Spachtel
▼ Winkelmaß
▼ Wasserwaage
▶ Cutter und Schere
▲ Pinsel und Bürsten
▲ Metermaß
▼ Zerstäuber

Methoden für das Zuschneiden

Um das Material für unsere Mosaiken richtig zuschneiden zu können, müssen wir erst einmal lernen, welches die jeweils richtigen Werkzeuge dafür sind. Das hängt ab von der Härte des betreffenden Materials und auch von den jeweils gewünschten Formen.

Für sehr harte Rohstoffe, wie etwa Granit oder Marmor oder Gestein ganz im allgemeinen, kann man sich heute der Hilfe von Elektrowerkzeugen bedienen oder sie auch in besonders gut ausgestatteten Werkstätten zusägen lassen.

Man muß den richtigen Umgang mit dem Werkzeug erlernen, über das man verfügt, und sollte wissen, daß man selbst nur mit Dorn und Hammer nahezu perfekte Tesserae fertigen kann. Dazu muß man freilich lernen, wie man richtig zuschneidet, wie man das Material auf den Dorn auflegt und wie man den Schlag an der richtigen, vorher markierten Stelle ansetzt. Wie bei allen anderen Tätigkeiten auch, wird uns zunehmende Praxis die entsprechenden Erfahrungen vermitteln, auch im Hinblick auf den sinnvollen Einsatz unserer Kräfte.

Entscheidend ist, daß ein einziger, kräftiger Hammerschlag Voraussetzung für einen sauberen, geraden Schnitt ist. Sobald wir mehrfach zuschlagen müssen, wird das Ergebnis unbefriedigend sein, weil die Trennkanten nicht glatt sein werden und der Schnitt unregelmäßig sein wird.

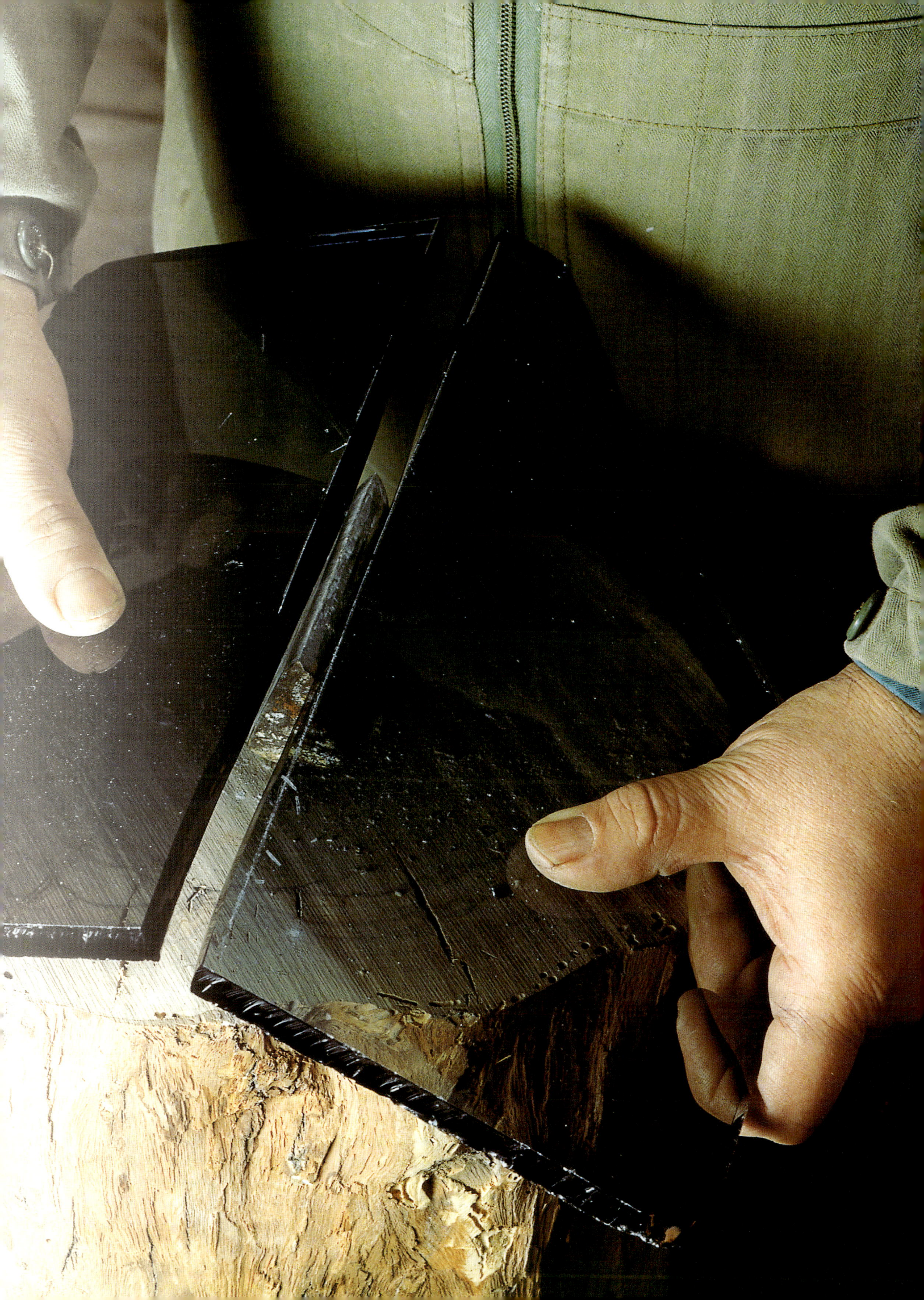

Das Zuschneiden der Mosaiksteinchen

In diesem Kapitel wird das Zuschneiden der Mosaiksteinchen, also das Zerteilen der verschiedensten Materialien wie Marmorplatten, Schiefer, Kiesel und Granit, Keramikfliesen, Glas und Glasfluß einschließlich der richtigen Handhabung von Elektrogeräten hierfür erläutert. Wir könnten für den Anfang mit dem Spalthammer eine Marmorscheibe durchtrennen, sie dann über dem Dorn zerkleinern und schließlich die Brechzangen einsetzen. Wir könnten diese Arbeitsgänge aber auch unter Einsatz der entsprechenden Elektrowerkzeuge erledigen. Das Ergebnis wäre das gleiche: Mosaikwürfelchen, sogenannte Tesserae.

Das Zerteilen einer Marmorscheibe

Die erforderlichen Marmorscheiben kann man in Fachbetrieben kaufen, wo man sie gewöhnlich in Stärken von 2 cm und 3 cm findet. Allerdings arbeiten die meisten Mosaizisten lieber mit dünneren Platten zwischen 1 cm und 2 cm.

Die nachfolgenden Fotos zeigen, wie man eine 3 cm starke Marmorplatte ohne jede mechanische Hilfe zerkleinern kann; man braucht dafür lediglich den Spalthammer sowie Meißel und Hammer.

Es ist natürlich klar, daß man sich in dem Betrieb, in dem man die Marmorplatte kauft, sich diese auch mit den dortigen Maschinen gleich zerkleinern lassen könnte, aber das ist ja für unser Beispiel hier ohne Interesse. Denn hier soll ja gezeigt werden, wie man in ganz einfacher Technik von Hand eine Marmorscheibe perfekt in Tesserae zerteilen kann. Man sieht an den Aufnahmen, daß ich im Verlauf der Vorführung eine andere Marmorscheibe hergenommen habe, aber das ist völlig nebensächlich; auch die anfangs gezeigte Scheibe hätte das gleiche Ergebnis erbracht.

◄ 1. Diese Scheibe weißen Marmors soll zerteilt werden. Dafür lege ich mir einen Bleistift, ein Winkelmaß, einen Hammer und Meißel zurecht.

▼ 2. Mit Hilfe des Winkelmaßes zeichne ich auf der Ober- und der Unterseite der Marmorplatte die Linie ein, längs der die erste Teilung erfolgen soll.

▼ 3. Mit dem Meißel, auf den ich mit dem Hammer schlage, ritze ich zweimal diese Linie auf Ober- und Unterseite ein.

▲ 4. Ich lege die Marmorplatte auf zwei parallel zur Trennlinie liegende Rundhölzer. Ich setze den Spalthammer, sozusagen zum Zielen, zunächst mehrmals auf die Trennlinie auf, ohne schon zuzuschlagen, um den Hieb auf die richtige Stelle zu gewährleisten.

▲ 5. Ich hebe den Spalthammer und lasse ihn mit voller Kraft niedersausen. Die Marmorplatte wird genau längs der markierten Linie zerteilt, und auf der Aufnahme ist der saubere, glatte Schnitt gut zu erkennen.

► 6. Als nächstes will ich mit Dorn und Hammer einen Streifen von einen Stück abtrennen. Dazu nehme ich dieses fest in die linke Hand und lege es auf den Dorn, wobei der Zeigefinger auf der Unterseite als Haltepunkt dient. Ich lege den Hammer zunächst auf der gedachten Trennlinie auf.

▼ 8. Ich nehme diesen Streifen und fahre in gleicher Weise mit dem weiteren Zerteilen fort.

▲ 7. Ich führe einen entschiedenen Schlag mit dem Hammer, und der Streifen wird abgetrennt.

► 9. Hier sieht man, wie der Hammer gerade auf ein kleineres Stück niederfällt. Beachten Sie die nun veränderte Handhaltung: Wenn diese Größe erreicht ist, fasse ich die Stücke zwischen Daumen und Zeigefinger. Dieser Griff gilt nun für das weitere Zerkleinern bis zu Tesserae.

◄ 10. Ein Marmorstück teilt sich; die Stücke werden nun immer kleiner.

► 11. Wenn ich dieses kleine Stück nochmals halbiere, habe ich zwei Tesserae.

► 12. Blick auf den Hackklotz mit dem Auffangkasten oben, dem Dorn, dem Hammer und Marmorwürfelchen

◄ 13. Hier fertige ich, wieder mit Dorn und Hammer, Tesserae aus weißem Marmor; sie sind kleiner als die vorhergehenden.

▼ 14. Hier zerschneide ich nun mit dem Elektro-Winkelschleifer einen Streifen schwarzen Marmors. Diesen klemme ich dazu auf einem Holzbrett mit einem zweiten schmalen Brett und zwei Zwingen fest; er muß ganz fest sitzen. Ich führe die Trennscheibe in Vor- und Rückwärtsbewegungen gleichmäßig entlang der markierten Linien. Diese Bewegungen muß man wiederholen, bis das entsprechende Stück abgetrennt ist; man sollte nicht versuchen, in einem Zug durchzusägen.

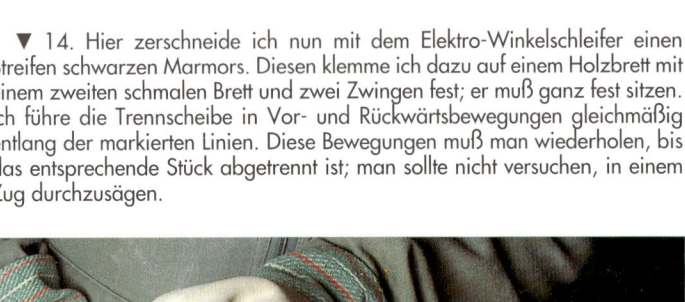

▼ 15. Das abgetrennte Stück; bitte denken Sie daran, daß der Einsatz des Winkelschleifers große Aufmerksamkeit erfordert, und daß man dabei stets Handschuhe, eine Schutzbrille und eine Staubmaske tragen sollte.

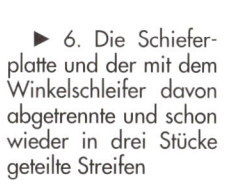

Das Zerteilen von Schiefer

Der Schiefer zählt zu den metamorphischen Gesteinen und kann als „weich" betrachtet werden, da er sich leicht teilen läßt, sofern man dabei seinen Schichten folgt.

Zum Zerteilen in Scheiben benutzt man Hammer und Meißel; man kann sie dann mühelos mit der Brechzange weiter zerkleinern. Auch der Winkelschleifer läßt sich gut einsetzen, wenn er richtig gehandhabt wird; doch sollte man bedenken, daß seine Vibrationen an den Schnittstellen leicht Splitter erzeugen. Wenn eine Diamanttrennscheibe verwendet wird, sind perfekte, glatte Schnitte zu erreichen. Schiefer wird in rechteckigen Platten von nicht unter 1 cm Stärke angeboten.

◄ 1. Schiefer läßt sich leicht spalten, wenn man sich dabei nach seinen Schichten richtet. Hier lege ich einen Brocken auf seine Kante und bestimme die gewünschte Dicke. Mit Hammer und Meißel führe ich dann mittelstarke Schläge.

► 2. Der Meißel dringt ins Gestein ein und spaltet es mühelos.

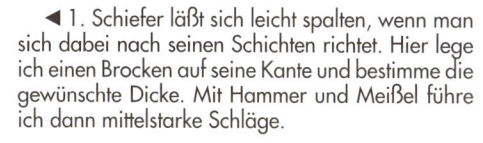

◄ 3. Nun ist der Schieferbrocken in Stücke zerteilt.

◄ 4. Mit der „japanischen Zange" kneife ich die entsprechenden Tesserae ab.

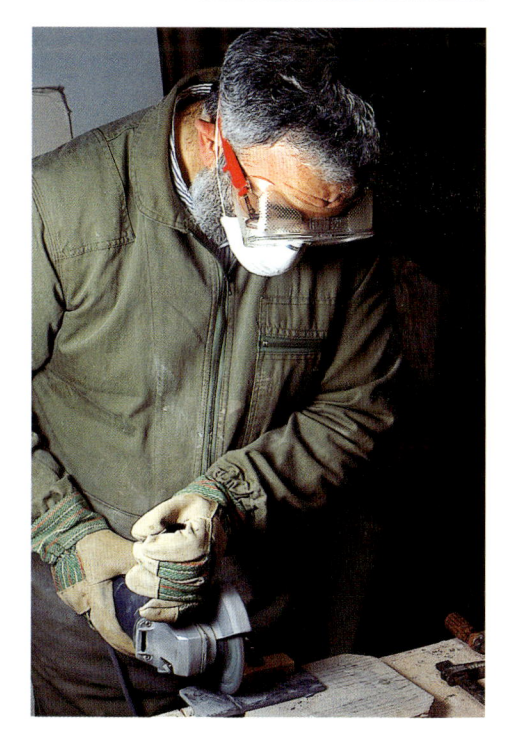

◄ 5. Hier verwende ich eine schon zugeschnitten gelieferte Schieferplatte. Das Zerteilen geht hier genauso vor sich wie in Abbildung 14 auf der vorhergehenden Seite gezeigt.

► 6. Die Schieferplatte und der mit dem Winkelschleifer davon abgetrennte und schon wieder in drei Stücke geteilte Streifen

39

Das Zerteilen von Kieseln und Granitstreifen

Sofern man Kiesel nicht ganz verwendet, ist die einfachste Methode zum Zertrennen die Arbeit auf dem Dorn. Wegen ihrer rundlichen oder ovalen Form muß man sie gut mit den Fingern festhalten, wenn man sie auf dem Dorn auflegt. Die Schläge mit dem Hammer müssen sehr präzise und entschieden sein, damit ein einziger Hieb zum Zertrennen führt. Die Schläge können sowohl auf die abgerundete Seite als auch eine Schnittfläche geführt werden. Wie sich auf den Fotos gut erkennen läßt, kann man aus Kieseln Tesserae in ganz unterschiedlichen Formen fertigen.

Flache Kiesel lassen sich direkt mit der Brechzange zerteilen. Dabei sollte man jedoch die Zangen an den Enden ansetzen, weil Schnitte in der Mitte zuviel Kraft erfordern.

Da der zu den Eruptivgesteinen zählende Granit besonders hart ist, sollte man ihn schon in maschinell zugeschnittenen Streifen beziehen, die man dann in etwa 1 cm große Würfelchen zerteilt. Das geht ganz gut mit der Brechzange, wobei man diese jedoch besser an den Kanten als in der Mitte des Streifens ansetzt. Ein Handwinkelschleifer ist wegen seiner Vibrationen nicht zu empfehlen, dagegen lassen sich mit der Naßsäge glatte Schnitte erzielen.

▲ 1. Dicke runde Kiesel kann man mit dem Hammer auf dem Dorn nach der gleichen Methode zerteilen wie Gesteinsstücke. Weil aber die Kiesel keine gerade Fläche haben, muß man sie mit dem untergelegten Mittel- oder Ringfinger gut auf dem Dorn abstützen.

▲ 2. Beim Spalten eines Kiesels; beachten Sie die Fingerstellung zum Abstützen auf dem Dorn.

◄ 3. Zu verschiedenen Formen zerteilte Kiesel

▲ 4. Flache Kiesel lassen sich gut mit der Brechzange teilen. Beachten Sie hier den Ansatz der Zange an einem Ende; man sollte nicht versuchen, den Kiesel in seiner Mitte auf diese Art zu zertrennen.

▲ 5. Wenn man die Zange kräftig zusammendrückt, läßt sich das Endstück gut abtrennen.

► 6. Mit der „japanischen Zange" zerteilte Kiesel. Das Zertrennen ist aber auch mit einfachen Brechzangen möglich.

► 7. Mit der Brechzange aus Granitstreifen gefertigte Tesserae. Der sehr harte Granit findet für Mosaiken nur wenig Verwendung, aber wenn man ihn schon in maschinell zugeschnittenen Streifen von einem Fachbetrieb bezieht, lassen sich diese recht gut mit der Brechzange zerteilen.

Das Zerteilen einer Platte aus Glasmasse

Glasmasse (Glasfluß) wird in rechteckigen Platten in Stärken von 1 bis 20 mm geliefert. Deren Zerschneiden ist zwar nicht schwierig, erfordert jedoch höhere Aufmerksamkeit als jedes andere Material. Als erstes muß die Tafel auf beiden Seiten mit dem Glasschneider eingeritzt werden. Genau auf dieser eingeritzten Trennlinie schlagen wir sie dann auf die Schneide des Dorns, so daß sie in zwei Teile längs der Linie zerbricht. Wir wiederholen den Vorgang und teilen die Stücke durch Einritzen und Aufschlagen auf den Dorn immer wieder in je zwei Hälften. Sobald die Stücke dann zu klein werden, um sie noch in beiden Händen zu halten, muß man zum weiteren Zerteilen auf dem Dorn den Hammer zu Hilfe nehmen, bis das gewünschte Format für die Tesserae erreicht ist. Aus 20 mm starken Platten lassen sich keine ausreichend kleinen Tesserae gewinnen. Man muß sehr auf Glassplitter achten und sollte bei dieser Arbeit stets eine Schutzbrille oder einen Gesichtsschutz tragen.

◀ 1. Zwar lassen sich Platten aus farbiger Glasmasse gut zertrennen, es müssen aber vorher die Bruchlinien stets mit dem Glasschneider eingeritzt werden.

◀▲ 2. Man nimmt die Platte in beide Hände und schlägt sie an der eingeritzten Linie kräftig auf die Schneide des Dorns.

▼ 3. Ich lege zwei Holzbohlen beidseits des Dorns oben auf den Hackklotz, um darauf die Hand abzustützen. So kann ich das Glasstück über der Schneide des Dorns festhalten und mit dem Hammer zertrennen.

▼ 4. Zerteilte Glasflußstücke und das dafür erforderliche Handwerkszeug

Das Zerschneiden von Glasplatten

Das Zerteilen von Platten aus farbigem Glas ist sehr einfach, sobald man den Umgang mit dem Glasschneider beherrscht. Der Arbeitsablauf ist praktisch der gleiche wie bei Glasflußplatten, aber wegen der geringeren Stärke der Glasplatten reicht das Einritzen und ein nachfolgender leichter Schlag für das Zertrennen aus.

Aus solchem farbigem Glas können wir Mosaiksteinchen auch in anderen als rechteckigen Formen anfertigen, denn der Glasschneider erlaubt uns ja auch das Ziehen gekurvter Linien in jeder beliebigen Form.

Die Farbpalette für derartige Glasscheiben ist sehr groß. Man findet sie in Fachgeschäften und in Werkstätten, die farbiges Glas verarbeiten. Dort fallen sogar ausreichend Reststücke an, die zur Verwendung als Scheiben nicht mehr groß genug, dem Mosaizisten jedoch als Material für Tesserae höchst willkommen sind.

◀ 1. Das Zerschneiden farbiger Glasscheiben ist nicht weiter schwierig. Zunächst muß man die Trennlinien mit dem Glasschneider einritzen.

▶ 2. Dann legt man die Scheibe so auf den Arbeitstisch, daß die Trennlinie mit dessen Kante bündig ist.

▼ 3. Man hält die Scheibe mit der einen Hand gut auf der Tischplatte fest und übt mit der anderen auf den abzutrennenden Teil Druck nach unten aus.

▼ 4. Zur Anfertigung von Tesserae muß ich eine Scheibe in schmale Streifen zertrennen. Das geht sehr viel leichter mit Hilfe einer Flachzange.

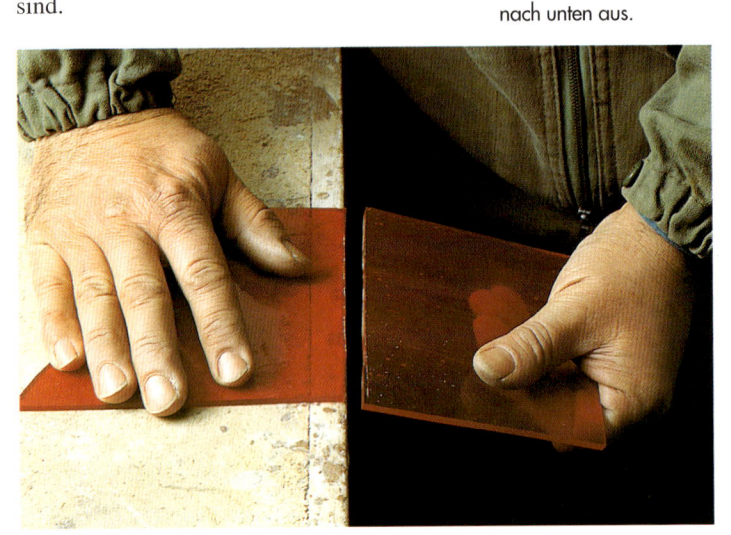

▼ 5. Sehr schmale Streifen kann ich auch mit dem Glasschneider abknicken.

▼ 6. Scheiben, Streifen und Tesserae aus farbigem Glas

Das Zerschneiden von Keramikfliesen

Die Verwendung von Stückchen aus Keramikmaterial ist eine verhältnismäßig junge Erscheinung in der alten Kunst des Mosaiks, was insofern merkwürdig ist, als sich gerade dieses Material für solche Arbeiten doch geradezu anzubieten scheint.

Die außerordentliche Fülle der verschiedenen Farben, in denen Fliesen im Handel sind, der verhältnismäßig niedrige Preis, der geringe Aufwand, mit dem sie zertrennt werden können, und obendrein die Festigkeit und Haltbarkeit, die Verarbeitbarkeit mit so gut wie jedem Klebstoff oder Mörtel auf sozusagen jedem beliebigen Untergrund empfehlen sie für breiten Einsatz.

Die Keramikmasse, die für deartige Fliesen und Kacheln verwendet wird, wird teils bei niedriger (etwa 900 Grad), teils bei höherer Temperatur (etwa 1.300 Grad) gebrannt. Die niedrig gebrannten Platten sind leicht zu zertrennen, für die anderen bedarf es dafür eines Fliesenschneiders und zusätzlich Fliesenbrechers oder auch der Naßsäge. Aus Stückchen solcher Fliesen, zusammengesetzt nach der Methode des „opus incertum", entstanden außerordentliche Schöpfungen wie etwa die Arbeiten des katalanischen Architekten Antoni Gaudí zu Beginn unseres Jahrhunderts.

▼ 4. Durch Betätigung des Hebels bricht die Fliese längs der eingeritzten Linie auseinander.

► 5. Ich wiederhole den Ablauf mit Fliesenschneider und Fliesenbrecher, bis die Fliese in die

◄ 1. Keramikfliesen lassen sich leicht mit einem Fliesenschneider zertrennen. Ich zeichne zuerst die gewünschten Trennlinien mit einem Filzstift auf die Fliese.

▼ 2. Ich lege dann die Fliese in den Fliesenschneider ein, fahre mit dem Schneidrädchen über die eingezeichnete Hauptlinie und ritze diese dadurch ein.

◄ 3. Nun schiebe ich die Fliese in den Fliesenbrecher.

▲ 6. Die Anfertigung von Tesserae aus Fliesen ist mit dem Fliesenschneider sehr einfach. Ich ritze zunächst senkrechte Linien ein, wobei die Maßeinteilung an der Anlegeplatte sehr nützlich ist.

▼► 7. Anschließend drehe ich die Fliese und ziehe Linien senkrecht zu den ersteren.

◄ 8. Zum Zerteilen mit dem Fliesenbrecher vorbereitete Fliesen

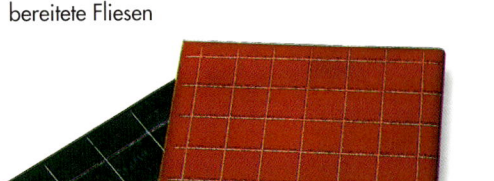

◄ 9. Mit dem Fliesenbrecher teile ich die Fliese zunächst in Streifen.

◄ 10. Diese Streifen teile ich dann wieder in kleine Quadrate.

▼ 11. Um aus den Fliesen runde, halbrunde oder ovale Plättchen zu gewinnen, setzen wir zunächst ebenfalls wieder den Fliesenschneider ein. Nachdem wir die gewünschte Form auf die Fliese aufgezeichnet haben, umgrenzen wir sie mit geraden Linien, die wir dann einritzen.

▼ 12. Mit dem Fliesenbrecher stanzen wir dann das sich ergebende Vieleck aus.

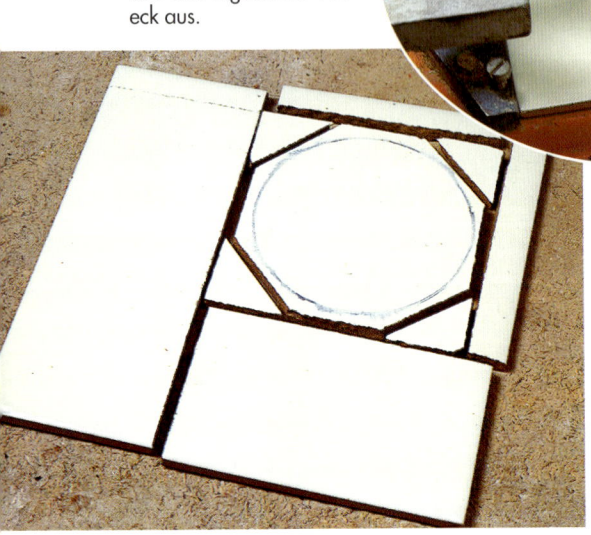

▼ 13. Das über die Kreisform überstehende Material knipsen wir mit einer „japanischen Zange" ab.

▼ 14. Schließlich schleifen wir mit dem Schleifstein die verbliebenen Reste bis zur Kreislinie weg.

Maschineller Zuschnitt

Spezialisierte Unternehmen beschäftigen sich mit der Gewinnung, dem Zuschnitt und dem Verkauf von Platten aus Gesteinen wie Marmor, Granit, Travertin usw.

Die betreffende Betriebe haben einen großen Platzbedarf, zum einen wegen der erheblichen Mengen des eingelagerten Materials, zum anderen wegen der Ausmaße der zu ihrer Bearbeitung erforderlichen, heute vielfach elektronisch gesteuerten Maschinen. Die aus den Steinbrüchen herangeschafften mächtigen Blöcke werden unter Einsatz starker Kräne zu Scheiben verschiedener Stärken zersägt.

Facharbeiter werden dabei vor allem benötigt für anspruchsvolle Aufgaben, für unvermeidliche Handarbeiten und für die Bearbeitung von Stücken, die wegen ihrer geringen Abmessungen für die groß dimensionierten Maschinen nicht in Frage kommen.

Ein Mosaikkünstler, der Gestein verwenden will, sollte sich unbedingt in solchen Betrieben umsehen, ehe er seine Arbeit aufnimmt. Denn nirgendwo sonst wird er wohl eine solche Auswahl und solche Mengen von Material finden. Und hier kann er sich rasch kleinere Stücke und Streifen von Gestein zuschneiden lassen, die er sich dann in die zu seinem Vorhaben passenden Tesserae weiter zerkleinern kann.

◀ Der Lagerraum eines Fachbetriebs mit einer Auswahl von Marmor- und Granitplatten.

◀ Ein mächtiger Kran hievt eine schon polierte Steinplatte zum Zersägen hoch.

▼ Eine von Hand gesteuerte Maschine zum Polieren von Marmor- oder Granitplatten oder auch solchen aus anderem Gestein in kleineren Abmessungen. Die Schleifscheiben werden je nach gewünschter Art der Politur ausgetauscht; sie sind in jeder Richtung beweglich, wassergekühlt und werden von einem Facharbeiter gelenkt.

▼ Moderne Steinsäge. Diese elektronisch gesteuerten Maschinen werden vorprogrammiert und erfordern kaum noch Bedienungspersonal. Durch die beständige Wasserkühlung wird einerseits die Überhitzung der Sägeblätter oder -scheiben vermieden, andererseits der beim Trockensägen anfallende Steinstaub.

Methoden
für das Zusammensetzen

Zur Anfertigung eines Mosaiks bedarf es umfassender theoretischer und praktischer Kenntnisse, die man sich nur im Verlaufe einer gewissen „Lehrzeit" erwerben kann, wofür sich ein bestimmter Zeitaufwand nun einmal nicht vermeiden läßt.

Die heutigen Mosaizisten übernehmen gewöhnlich alle Arbeitsabläufe, die für die Herstellung eines Mosaiks erforderlich sind, persönlich.

Das war zum Beispiel in römischer Zeit anders. Dort entstanden Mosaiken in Teamarbeit in einer „Officina", einer Werkstatt, in der jedem Mitarbeiter eine spezielle Aufgabe übertragen war. In der bürokratischen römischen Welt waren diese Aufgaben genau festgelegt, und der jeweils dafür Zuständige hatte seine eigene Berufsbezeichnung.

So war der „Pictor imaginarius" der eigentliche Entwerfer oder „künstlerische Gestalter", während der „Pictor parietarius" eher als Handwerker die Vorzeichnung auf Wand oder Boden übertrug. Der „Tesselator" oder „Tesselarius" fügte danach die Mosaiksteinchen – die ihrseits erst wieder vom „Lapidarius" aus Marmorscheiben gebrochen worden waren – zum entsprechenden Bild oder Muster zusammen. Der Fachmann für das Anrühren des Kalks (und wohl auch Mörtels) war der „Calcis coctor", und für die Anfertigung von Wandmosaiken aus Glasflußsteinchen gab es als Spezialisten den „Musivarius".

Im folgenden Kapitel sollen einige der schon von den Römern für die Anfertigung von Mosaiken benutzten Methoden erläutert werden, die meines Erachtens im Zusammenhang mit ihren Bautechniken zu sehen sind.

Doch bevor wir ans Zusammensetzen der Tesserae gehen, müssen wir natürlich erst einmal wissen, was da entstehen soll, und die beste Voraussetzung dafür ist das Festhalten unserer Ideen dafür in Form eines Entwurfs, einer Skizze oder auch eines Modells. Die Beschäftigung damit wird also das nachstehende Kapitel eröffnen.

Anschließend werden die beiden Hauptmethoden für das Zusammensetzen dargestellt, und dem schließen sich Erläuterungen zu Trägerflächen, Klebstoffen, Mörtelarten und auch Rahmungen an, wobei eine Übersichtstafel eine wertvolle Hilfe ist.

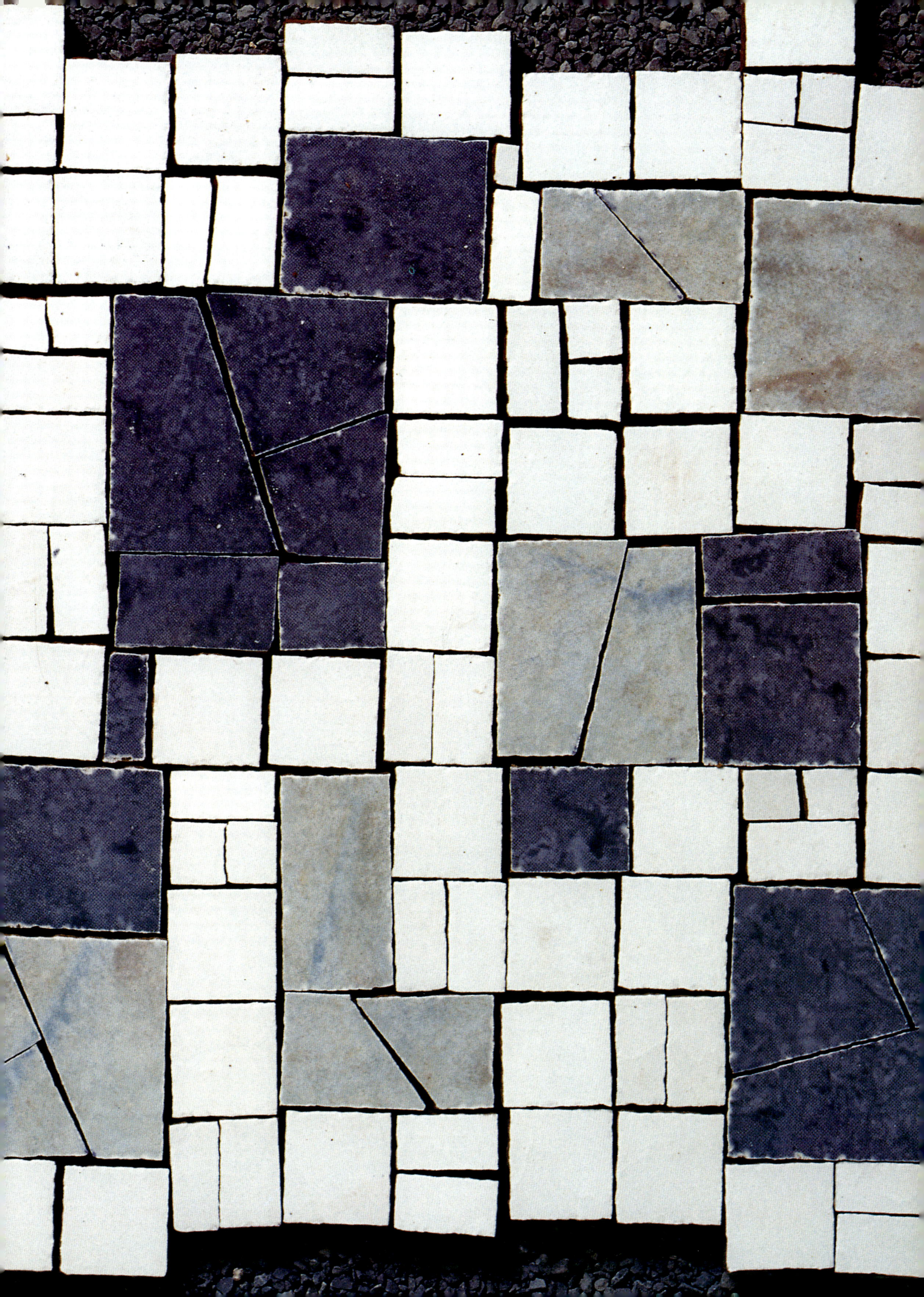

Der Entwurf

Wenn ich an all die verschiedenen künstlerischen Techniken denke, ich denen ich arbeite, so etwa Skulptur, Keramik und Mosaik, und an all die unterschiedlichen Arbeitsabläufe, die mit ihnen verbunden sind, erscheint es mir unerläßlich, daß ihnen allen ein Entwurf vorausgeht, der mehr oder weniger genau, farbig oder auch nur schwarzweiß sein kann. Diesen Entwurf, der gewöhnlich in kleinerem Maßstab gefertigt wird als das Original, brauchen wir während der ganzen Arbeit immer wieder als Bezugspunkt. Dabei muß es uns klar sein, daß wir bei der Anfertigung eines Mosaiks davon ausgehen müssen, daß es nur in Grenzen möglich sein wird, diesen Entwurf präzise umzusetzen, weil sich die vielfältigen Farbtöne und Schattierungen, die sich mit Farbstiften, Wasser- oder Ölfarben erzielen lassen, nur unvollkommen in Mosaik umsetzen lassen. Daher sollten wir uns dabei stärker auf Farbflächen konzentrieren als auf feine Abstufungen.

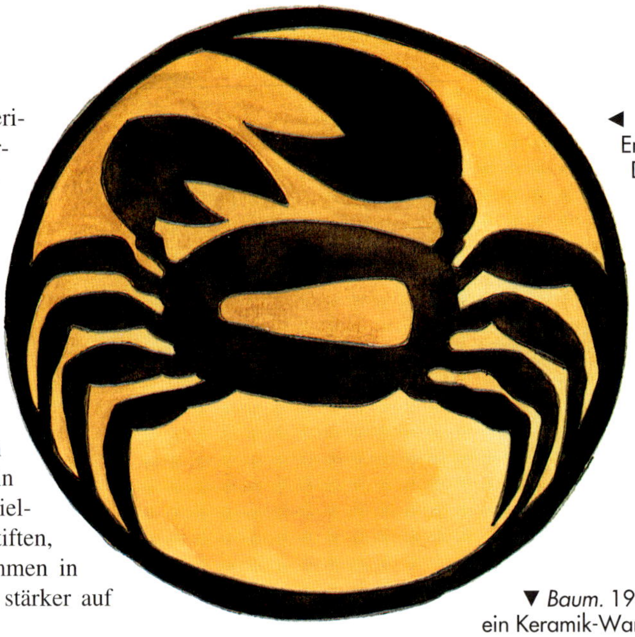

◄ *Krebs.* 1978, Aquarell als Entwurf für ein Wandmosaik. Direkte Zusammensetzung auf laminiertem Holz, lackierte Tesserae aus Ton, 200 x 150 cm.

Es mag Mosaikkünstler geben, denen ein farbig grob angelegter Entwurf für die Ausführung ihrer Arbeit völlig genügt. Andere wieder wollen dagegen einen genauen Entwurf haben, in dem die Komposition und die Farben des fertigen Werks präzise festgehalten sind. Dagegen ist, weil schließlich jeder Künstler seinen eigenen Weg gehen muß, nichts einzuwenden – immer vorausgesetzt allerdings, daß wir bei aller Genauigkeit eines Entwurfs bereit sein müssen, diesen anzupassen, wenn offenkundig das entstehende Mosaik dies erfordert. Man muß sich immer die künstlerische Freiheit für solche Abweichungen beim einen oder anderen Detail während der Umsetzung des ursprünglichen Entwurfs erhalten.

▼ *Baum.* 1978, Aquarell als Entwurf für ein Keramik-Wandmosaik; 200 x 100 cm.

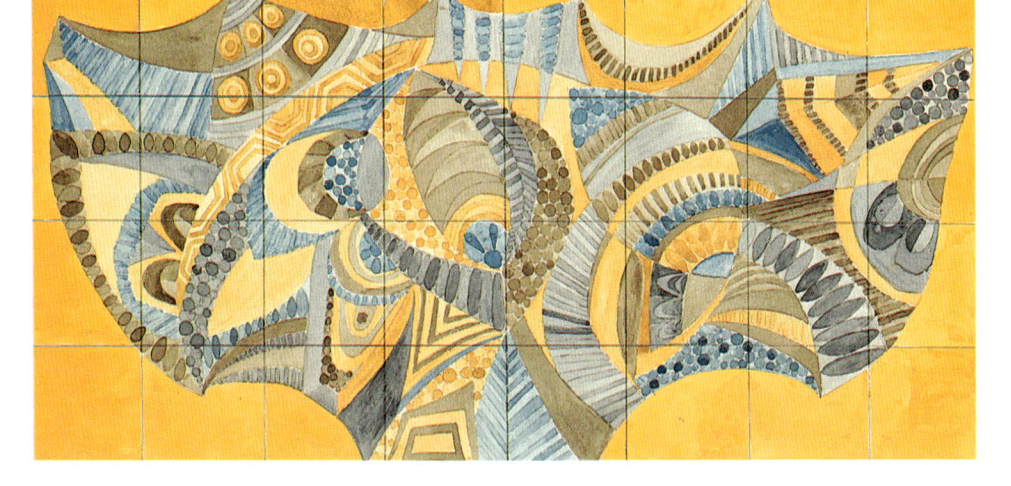

▼ *Vogel.* 1978, Farbstift.

▼ *Vogel.* 1978, Mosaik, zusammengesetzt nach der indirekt-positiven Methode; Stücke von Keramikfliesen in Betonbettung, 34 x 36 cm.

Im Gegensatz zu anderen Kunstformen ist die Gestaltung eines Mosaiks eine zwar nicht überaus komplizierte, aber jedenfalls zeitraubende Tätigkeit, und gerade deshalb ist es so wichtig, daß man während des ganzen Arbeitsablaufs immer genau weiß, was da entstehen soll. Sicher mag es auch Mosaizisten geben, die ganz spontan und direkt arbeiten, aber ich empfehle jedenfalls zumindest die vorherige Anfertigung einer groben Skizze. Ich räume ein, daß dies ein wenig Verlust an Spontaneität und Unmittelbarkeit bringt, bin aber dennoch davon überzeugt, daß das der richtige Weg ist. Wenn die Idee selbst originell und spontan ist, wird sich das am fertigen Werk erweisen.

Eine andere Methode besteht in der Anfertigung eines detaillierten, sehr sorgfältigen Entwurfs; dies empfiehlt sich vor allem für komplizierte Gestaltungen und Arbeiten in großen Abmessungen.

Aufgrund meiner Erfahrungen sowohl als Mosaikkünstler als auch als Lehrer setze ich nur in geringem Maße auf Zufall und Improvisation, sondern vertraue eher auf gründliches Nachdenken und gute Vorbereitung. Wenn es um ein wichtiges Werk geht, ist vorheriges Nachdenken über mögliche Probleme und deren Lösung allemal nützlich, um ruhiger arbeiten zu können, Zeit zu sparen und unnötigen Aufwand zu vermeiden. Das heißt wiederum nicht, daß wir uns vor Änderungen scheuen sollten, wenn wir diese während der Umsetzung als sinnvoll erkannt haben.

Wenn wir mit dem Entwurf als Festlegung unserer Idee zufrieden sind, müssen wir ihn auf das gewünschte Endformat vergrößern. Dafür bietet sich die Übertragung anhand eines Rasternetzes an oder der Weg über die Fotokopie.

Die entsprechende Vergrößerung müssen wir dann auf die Trägerfläche, den Untergrund übertragen. Dafür kommen in Frage das Durchdrücken der Umrisse, die Verwendung von Kohlepapier oder das Arbeiten mit Schablonen; eine weitere Möglichkeit wäre die Benutzung eines Diaprojektors. Die Praxis wird uns zeigen, mit welcher Methode wir am besten zurechtkommen.

Ich zeige auf diesen Seiten einige meiner Entwürfe aus den vergangenen Jahren und ihre entsprechende Umsetzung als Mosaik. Sicher werden Ihnen dabei auch gewisse Abweichungen vor allem in der Farbgebung auffallen.

▼ *Stilleben*. 1980, Farbstifte.

▲ *Figur*. 1979, Farbstifte.

▲ *Figur*. 1979, Mosaik. Direkte Zusammensetzung, Tesserae aus Keramikfliesen auf Bettung aus Faserzement; 70 x 24,5 cm.

◄ *Stilleben*. 1980, Mosaik. Direkte Zusammensetzung, Tesserae aus Keramikfliesen auf Bettung aus Faserzement; 50 x 35 cm.

◄▲▼ Verschiedene Entwürfe in Aquarell für später mit Keramikmaterial gestaltete Wandmosaiken, 1980; 135 x 105 cm bzw. 135 x 78 cm.

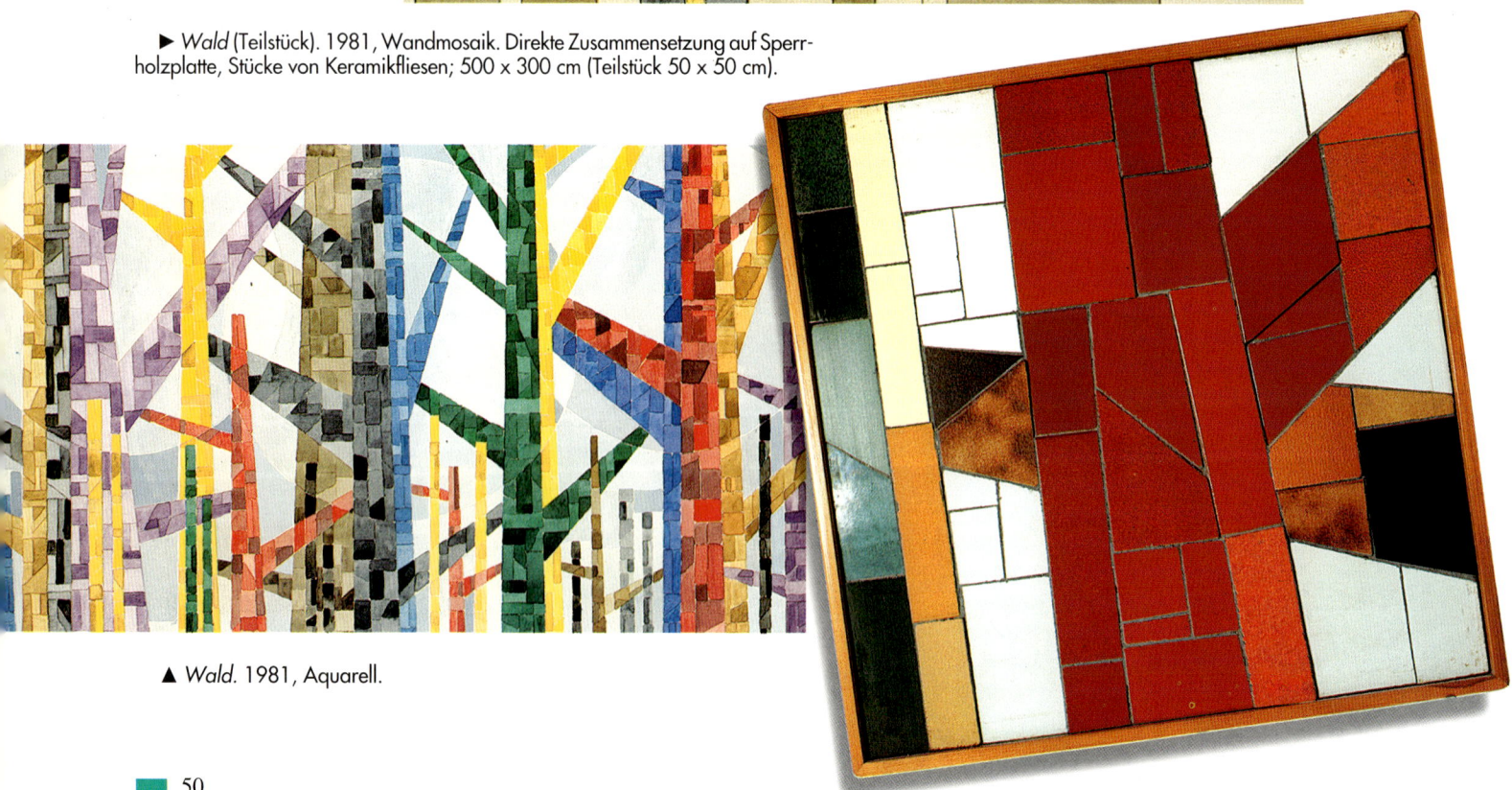

► *Wald* (Teilstück). 1981, Wandmosaik. Direkte Zusammensetzung auf Sperrholzplatte, Stücke von Keramikfliesen; 500 x 300 cm (Teilstück 50 x 50 cm).

▲ *Wald*. 1981, Aquarell.

▲ *Sankt Andreas.* 1981, Wandmosaik. Direkte Zusammensetzung auf Holzfaserplatte, Stücke von Keramikfliesen; 400 x 150 cm.

▼ *Landschaft.* 1982, Farbstifte. Entwurf, später in Keramik ausgeführt; 150 x 80 cm.

▲ *Sankt Andreas.* 1981, Aquarell.

◀ *Vogel.* 1982, Aquarell.

▼ *Vogel* (Ausschnitt). 1982, Wandmosaik, zusammengesetzt nach der indirekt-positiven Methode; Stückchen von Keramikfliesen in Betonbettung; 400 x 300 cm, Ausschnitt 58 x 49 cm.

51

◄ *Baum.* 1983, Aquarell, später in Keramik ausgeführt; etwa 400 x 400 cm.

▲ *Aschenbecher.* 1985, Aquarell.

◄ *Aschenbecher.* 1992, direkte Zusammensetzung von Stückchen aus Keramikfliesen auf Keramikplatte; 21 x 21 x 4 cm.

▼ *Spiegel.* 1987, Aquarell.

◄ *Spiegel.* 1986, Aquarell.

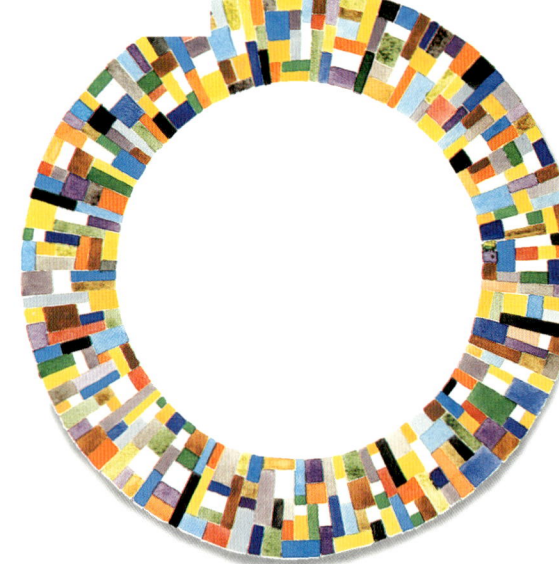

▼ *Spiegel.* 1992, direkte Zusammensetzung von Stückchen aus Keramikfliesen auf Holzplatte; 63 x 45 cm.

▼ *Spiegel.* 1993, direkte Zusammensetzung von Stückchen aus Keramikfliesen auf Holzplatte; Durchmesser 54 cm.

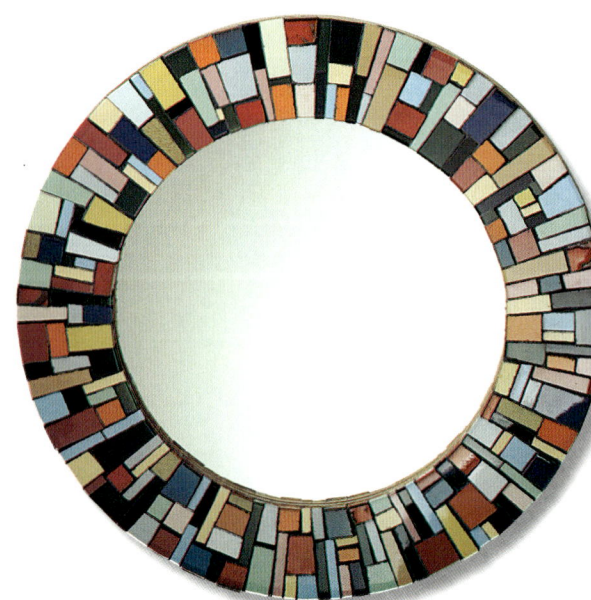

◄ *Krug.* 1993, direkte Zusammensetzung von Stückchen aus Keramikfliesen auf zweifach gebranntem, modelliertem Keramikkrug; 19 x 12 x 31 cm.

▼ *Tischplatte.* 1992, Aquarell.

◄ *Krug.* 1990, Aquarell.

▼ *Tischplatte.* 1994, direkte Zusammensetzung von 2 x 2 cm großen Tesserae aus Glasfluß auf Sperrholzplatte; 70 x 30 cm.

▲ *Tischplatte.* 1980, Aquarell.

► *Tisch.* 1997, direkte Zusammensetzung von Stückchen aus Keramikfliesen auf Sperrholzplatte; 120 x 60 cm.

53

Techniken des Zusammensetzens

„Opus" ist das lateinische Wort für Arbeit, Aufgabe, Werk; „Opus musivum" ist also ganz allgemein „Mosaikarbeit".

Es wurde jedoch unterschieden zwischen drei verschiedenen Haupttechniken für das Zusammensetzen: dem Opus tesselatum, dem Opus sectile und dem Opus vermiculatum. Daneben gab es weitere Techniken, die zum Teil eine Kombination der obigen darstellen, und Sonderbezeichnungen, die sich teils auf die Verlegetechnik, teils auf unterschiedliche Formen der Tesserae bezogen.

Vorbereitung für das Zusammensetzen

Plinius der Ältere hat uns überliefert, wie seine Zeitgenossen den Untergrund für das Verlegen von Mosaiken vorbereiteten, und ich habe aufgrund seiner Angaben das im untenstehenden Foto wiedergegebene Modell angefertigt.

Als erstes planierten sie den Boden und bedeckten ihn mit einer Schicht von eng aneinandergerückten Kieseln und kleinen Steinen. Diese etwa 8 bis 12 cm starke Grundschicht nannte man „Statumen", und sie wurde bedeckt mit einem als „Rudus" bezeichneten groben Mörtel, bestehend aus drei Teilen Schotter und Terrakottascherben und einem Teil Kalk und etwa 25 cm dick. Die nächstobere Schicht hieß man „Nucleus", und sie wurde aus drei Teilen Sand, untermengt mit zerstampften Ziegeln und Backsteinen, und einem Teil Kalk zusammengemischt. Auf diese Schicht wurde der Entwurf für das Mosaik aufgezeichnet, und die Tesserae wurden darüber in eine Bettung aus feinem Sand und Kalk eingesetzt. Auf diese Weise entstand ein dicker, geschlossener und haltbarer Bodenbelag, dessen verschiedene Schichten fest miteinander verbunden waren.

◀ **Chavarria:** Modell eines Ausschnitts von einem römischen Bodenbelag nach den Angaben bei Plinius dem Älteren; 1997, 31 x 31 x 24 cm.

MOSAIK

NUCLEUS

RUDUS

STATUMEN

Antike Verlegevarianten

Wie schon erwähnt, gab es zur Römerzeit verschiedene Grundsysteme für das Verlegen oder Zusammensetzen der Mosaiken. Sie wurden jeweils als „Opus" mit einem bestimmten Zusatz bezeichnet, und die drei wichtigsten sind das Opus tesselatum, das Opus sectile und das Opus vermiculatum.

Für das **Opus tesselatum** verwendete man jeweils gleich große würfel- oder leicht prismenförmige Tesserae in Seitenlängen zwischen 0,5 und 3 cm in Schwarz und Weiß.

Für das **Opus sectile** bildeten nicht Tesserae das Material, sondern Platten aus Gestein, gewöhnlich Marmor, in unregelmäßiger Form und verschiedenen Größen. Diese „Crustae" wurden zu geometrischen Formen zugeschnitten und zu phantasievollen Bodenbelägen in vielen Farbabstufungen zusammengesetzt.

Das **Opus vermiculatum** (wörtlich das „würmchenförmige" Mosaik) wurde aus besonders kleinen Tesserae, oft unter 0,5 cm Seitenlänge, zusammengesetzt und diente zur Wiedergabe detailreicher Motive. Die Kleinformatigkeit der Steinchen erlaubt fließende Übergänge und feinste Farbabstufungen, was so bei größeren Tesserae nicht möglich wäre.

◀ **Opus tesselatum:** Typisch hierfür ist die Verwendung von gleich großen, würfelförmigen Tesserae in kontrastierenden Farben. Motive werden gewöhnlich mit schwarzen Tesserae auf weißem Hintergrund dargestellt, bei Umrandungen bevorzugt man weiße Einlagen in eine schwarze Grundfläche. Zumeist werden geometrische Muster gefertigt.

▶ **Opus sectile:** Bei dieser Verlegeart entsteht im Grunde weniger ein Mosaik als eine Einlegearbeit, ein Bodenbelag mit geometrischen „Inkrustationen" eben aus „Crustae", wie die Römer diese zugeschnittenen Plättchen aus Marmor oder sonstigem Gestein nannten, die mit großer Perfektion zusammengesetzt wurden. Die spätere Hinzunahme floraler und figürlicher Motive unterstreicht noch die meisterhafte Beherrschung dieser Technik.

▼ **Opus incertum:** „Incertum" läßt sich übersetzen mit ungewiß, aber auch unregelmäßig und ungeordnet. Unregelmäßig sind die kleinen und nur wenig geglätteten Steinplättchen, und ungeordnet, also nicht streng zu Mustern oder Motiven geformt, ist zumeist das Mosaik als solches, auch wenn eine grobe Gliederung in Reihen oder Bänder vorkommt.

▼ **Opus vermiculatum:** Diese Technik wurde vor allem für regelrechte Bilddarstellungen verwendet; mit den sehr kleinen Tesserae ließ sich jede beliebige Form oder Linie gestalten. Häufig ist die Verbindung mit Opus tesselatum am gleichen Mosaik.

◄ **Opus lapilli:** Dieses Mosaik aus Kieseln, die in einer Bettung aus gestampfter Erde oder einer Art von Beton, gemischt aus Sand und Kalk, verlegt wurden, dürfte die früheste Form mosaikartig gestalteter Bodenbeläge sein.

▶ **Opus musivum:** Diese wörtliche Bezeichnung für Mosaik blieb den Wandmosaiken vorbehalten, bei denen ausschließlich Tesserae aus durchscheinender oder auch undurchsichtiger Glasmasse verwendet wurden. Der dafür zuständige Künstler war der „Musivarius". In byzantinischer Zeit wurde auf diesem Gebiet ein kaum zu übertreffendes Höchstmaß an technischer Perfektion erreicht.

▲▶ **Opus quadratum:** Es bestand aus „Parallelepipeden" aus Gestein, weniger kompliziert ausgedrückt, aus Steinquadern oder -würfeln, die in Reihen angeordnet wurden, und geht natürlich auf das Bauwesen zurück, bei dem so behauene Steine Verwendung fanden. Dieses Verlegen in gleichmäßigen Reihen ergab schachbrettartige Muster. Beispiele dafür bietet die Pflasterung mittelalterlicher Straßen, bei der Granitquader unmittelbar auf den Boden gesetzt und ihre Zwischenräume mit Sand ausgefüllt wurden.

▲ **Opus reticulatum:** Bei dieser Art des Verlegens, der wörtlich „netzförmigen", werden die quadratischen Tesserae in schräg verlaufenden Reihen angeordnet. Ursprünglich wurden bei diesem System Backsteine in der Form kleiner Pyramiden so in den Mörtel gedrückt, daß außen an der Wand die quadratische Grundfläche von gewöhnlich 8 x 8 cm sichtbar war.

▶ **Opus segmentatum:** Diese Gestaltungsart geht wohl zurück auf Bodenbeläge aus Ziegelsteinresten, zwischen die kleine, glänzende Steinchen gesetzt wurden. Die Übernahme für das Mosaik führte dazu, daß man zwischen kleinformatige, einheitliche Tesserae solche in größeren Abmessungen, aber in gleicher Farbe setzte.

▼ **Opus signinum:** Die Bezeichnung für diese Art des Verlegens geht auf die Stadt Signia zurück; es werden hier verschieden getönte Tesserae mit etwas Abstand zueinander zu einfachen Ornamenten oder geometrischen Mustern zusammengefügt und in einen Mörtel aus Kalk und zerstoßenen Ziegelsteinen gebettet.

▲ **Opus scutulatum:** Die Tesserae für diese Art des Mosaiks sind rautenförmig, und das regelmäßige Rautenmuster kann durch andersfarbige Einfügungen auch in abweichenden Formaten unterbrochen werden.

▼ **Opus spicatum:** Diese Verlegeart leitet sich ab von Ziegelstein-Pflasterungen in Gräten- oder Ährenform. Dabei werden Kiesel fischgrätartig aneinandergereiht. In mittelalterlichen Stadtvierteln finden sich noch Straßen, die einen solchen Belag aufweisen.

Das direkte Zusammensetzen

Diese Methode für das Zusammenfügen eines Mosaiks ist die einfachste, und sicher auch die älteste; dabei setzt man die Tesserae unmittelbar auf die Trägerfläche, den Untergrund auf, die bzw. der vorher mit Klebstoff oder Mörtel bestrichen wurde. Sie läßt sich für jede Art von Mosaik anwenden und gleichermaßen für klein- wie großformatige Arbeiten, und kommt in Frage sowohl für Bodenbeläge wie Wandmosaiken, sofern letztere auf einer Unterlage aus Sperrholz oder Faserzement oder (wie bei antiken „Emblemata") Marmorplatten montiert werden.

Indem man die einzelnen Mosaiksteinchen aneinanderfügt, erlebt man das Entstehen des Mosaiks mit und hat dabei den Fortgang der Arbeit ständig unter Kontrolle. Da wir später bei den Schritt-für-Schritt-Einübungen immer wieder genauer auf die Methode eingehen, beschränke ich mich hier auf die Grunderläuterung anhand eines Beispiels, bei dem als Zwischen-Trägerfläche ein feinmaschiges Glasfasernetz dient. (Aber nicht verwirren lassen – die Methode gilt trotzdem als „direkt"!) Unter dieses Netz schieben wir die vorher in Originalgröße gefertigte Reinzeichnung unseres Entwurfs und übertragen ihn darauf. Das Blatt mit der Reinzeichnung ersetzen wir dann durch einen Bogen Silikon- oder Wachspapier. Dann klebt man die zugeschnittenen Mosaikteilchen mit einem Tropfen Neoprenkleber auf das Netz. Dabei muß man darauf achten, daß die vom Klebstoff bedeckte Fläche stets nur klein ist, damit die Mosaikstückchen später gut auf dem Mörtel haften.

Auf diese Weise kann man das Mosaik dann leicht übertragen. Allerdings sollten die jeweiligen Formate nicht zu groß sein, damit sie sich nicht aufgrund zu hohen Gewichts vom Klebemörtel lösen; es wäre recht schwierig, sie erneut anzubringen.

Im übrigen lassen sich einzelne Mosaikstückchen austauschen, so lange der Klebstoff noch nicht fest geworden ist.

◀ 1. Über den Papierbogen mit der Vorzeichnung in Originalgröße lege ich das Netz aus Glasfaser, beschwere es mit Gewichten und übertrage mit einem Filzstift die Vorzeichnung darauf.

▼ 3. Ich klebe nun mit dem Neoprenklebstoff die vorbereiteten Mosaikteilchen auf. Einige wenige Leimtropfen auf ihrer Rückseite genügen völlig, um sie gut auf dem Glasfasernetz haften zu lassen. Ich ziehe für diese Arbeit Gummihandschuhe an.

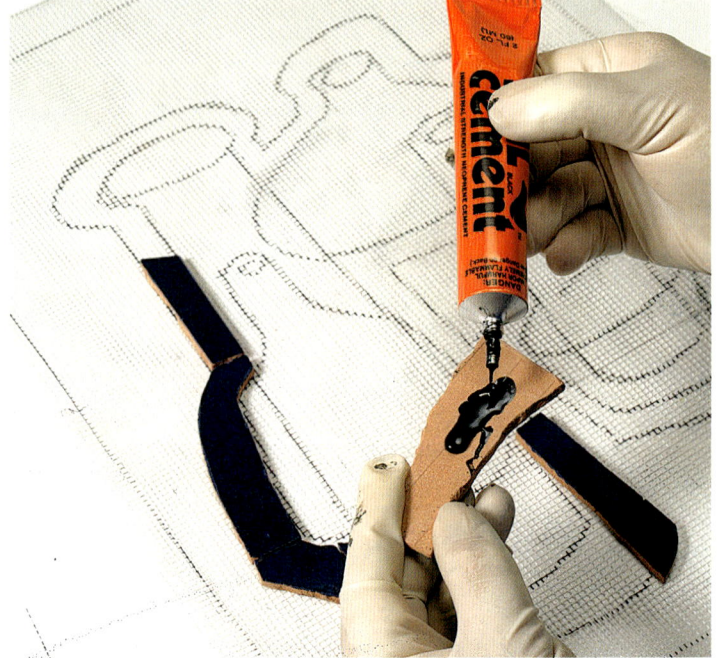

▼ 2. Ich ziehe das Blatt mit der Vorzeichnung unter dem Glasfasernetz weg und ersetze es durch zwei Bogen Silikon- oder Wachspapier, um das Festkleben des durchdringenden Klebstoffs zu verhindern. Hat man entsprechendes Spezialpapier nicht zur Hand, kann man gutes Papier selbst in Wachs tränken.

Das indirekte Zusammensetzen

Beim indirekten Zusammensetzen gibt es zwei Methoden: die indirekt-positive und die indirekt-negative oder Umkehr-Methode. Die jeweilige Anwendung hängt vom betreffenden Material ab: Die Positiv-Variante kommt für so gut wie alle für die Mosaikgestaltung einsetzbaren Materialien in Frage, die Umkehr-Methode dagegen nur für Tesserae, die auf Vorder- und Rückseite die gleiche Farbe haben.

Indirekt-positives Zusammensetzen

Hierbei werden die Mosaikteilchen auf einem vorläufigen Untergrund zusammengesetzt, der kein Ankleben erfordert – das kann trockener Sand sein oder weicher Ton oder Knetmasse (Plastilin). Die Teilchen werden zusammengefügt, bis die Gesamtfläche des Mosaiks geschlossen vor uns liegt. Wichtig ist, daß die Oberfläche eine glatte Ebene bildet; um das zu erreichen, klopft man die Teilchen mit einem darübergelegten Brett leicht fest.

Wenn das betreffende Mosaik gänzlich zusammengesetzt ist, übergießt man es mit wasserlöslichem Leim und bedeckt es mit Packpapier, das man mit einer Bürste kräftig festklopft, damit die einzelnen Stückchen gut daran festhaften. Ist das Mosaik größer als etwa 25 x 25 cm, empfiehlt es sich, eine zweite Leimschicht und einen zweiten Packpapierbogen aufzubringen, damit die Trägerschicht stark genug für das Gewicht des Mosaiks ist.

Ist die Oberfläche des Mosaiks nicht völlig eben, was zum Beispiel bei der Verwendung von Fliesenstücken oder Kieseln wahrscheinlich ist, empfiehlt sich als Trägerfläche Tarlatan (Baumwollgaze), ein Material, das sich den Unregelmäßigkeiten der Mosaikoberfläche anschmiegt.

Bei beiden Verfahren muß man die Trägerfläche gut trocknen lassen, ehe man sie hochhebt und umwendet. Dann muß man die Rückseite des Mosaiks gut von Resten der vorläufigen Bettung reinigen, ehe man die endgültige Mörtel- oder Betonbettung aufbringt.

◄ 1. Ich bereite eine Bettung aus Plastilin im Format von etw 38 x 38 cm vor (sie könnte auch aus trockenem Sand oder weichem Ton bestehen) und setze in diese die vorbereiteten Mosaikteilchen ein. Sie müssen leicht in die Knetmasse eingedrückt werden.

► 2. Ich schneide zwei Bogen Kraftpapier im Endformat des Mosaiks, 30 x 30 cm, zu und lege eine davon auf das Mosaik, nachdem ich dieses satt mit wasserlöslichem Leim bestrichen habe. Ich streiche mit der Hand über den Papierbogen, damit er gut anklebt, bepinsle ihn dann mit dem Leim und lege den zweiten Papierbogen auf. Der Leim muß gut trocknen; das Aufbringen des zweiten Bogens ist zu empfehlen, damit die Trägerfläche dem Gewicht des Mosaiks gewachsen ist.

► 3. Wenn der Leim völlig trocken ist, kehre ich das Mosaik um und lege es mit der papierbeklebten Seite auf eine Holzplatte. Dann hebe ich die Plastilinschicht an einer Seite an und rolle sie vorsichtig vom Mosaik ab, wobei ich darauf achte, daß nicht irgendein Teilchen des Mosaiks daran haften blieb. Wenn das der Fall sein sollte, muß ich es auf der Unterseite mit Leim bestreichen und es wieder auf das Papier kleben. Anschließend reinige ich die Mosaikrückseite von allen eventuellen Plastilinresten, und sie ist dann bereit zum Übergießen mit dem Mörtel für die endgültige Bettung.

Die Umkehr-Methode

Sie ist nur anwendbar bei Materialien, die auf Ober- und Unterseite gleich gefärbt sind, also Tesserae aus Marmor, Glas, Glasschmelz oder in der Masse gefärbter Keramik, und für die Mörtelbettung vorgesehen ist. Das Mosaik wird hier mit seiner Rückseite nach oben zusammengesetzt.

Bei dieser Methode muß man unter die Vorzeichnung in Originalgröße ein Blatt Papier legen und unter dieses wieder Kohlepapier mit der beschichteten Seite nach oben. Wenn man nun die Umrisse der Vorzeichnung nachfährt, wird diese auf dem Blatt darunter in Umkehrung wiedergegeben, stellt also die Rückseite unserer Komposition dar. Auf diesem Bogen setzen wir dann unser Mosaik zusammen. Dafür bestreichen wir zunächst einen Teilbereich davon mit wasserlöslichem Leim und kleben einen ersten Teil der Mosaiksteinchen, wiederum mit wenig Leim, darauf fest. Wir fahren dann auf gleiche Weise fort, bis das gesamte Mosaik zusammengesetzt ist. Eine weitere Möglichkeit, vor allem für sehr kleine Tesserae, besteht darin, daß wir diese mit einer Pinzette aufnehmen und die Grundfläche mit Leim bestreichen. Das Ergebnis ist bei beiden Methoden das gleiche.

▶ 1. Als erstes brauchen wir für den Arbeitsablauf die Vorzeichnung in Originalgröße, einen Bogen Kohlepapier, einen Bogen Kraftpapier, Gewichte zum Beschweren und einen Bleistift.

▼ 2. Unten auf den Tisch lege ich das Kohlepapier mit der beschichteten Seite nach oben. Obendrauf lege ich das Kraftpapier so, daß die satinierte Seite dem Kohlepapier zugewandt ist, und darauf wieder die Vorzeichnung. Mit den Gewichten beschwere ich die Bögen, damit sie nicht verrutschen, und mit einem harten Bleistift fahre ich die Linien der Vorzeichnung nach.

▼ 3. Dadurch wird die Vorzeichnung seitenverkehrt auf das Kraftpapier übertragen, stellt also die Umkehrung der Vorzeichnung dar und zeigt damit die Komposition des Mosaiks von der Rückseite.

▼ 4. Auf dem Kraftpapier setze ich nun die Mosaiksteinchen zusammen, die, wie schon gesagt, auf Vorder- und Rückseite gleich gefärbt sein müssen. Hier kommen Tesserae aus schwarzem Granit und weißem Marmor zur Verwendung. Ich bestreiche jeweils die Unterseite eines Mosaiksteinchens mit Leim und klebe sie auf das Papier, bis das ganze Mosaik zusammengesetzt ist. Anschließend muß der Leim gut durchtrocknen, ehe man sich an das Auftragen der Mörtel- oder Betonbettung macht. Das vollendete Mosaik wird schließlich wieder der Originalvorzeichnung entsprechen.

Direktes Zusammensetzen an der Wand

Auch wenn es nicht sehr gebräuchlich ist, kann man Mosaiken durchaus unmittelbar an einer Wand zusammensetzen, wenn man die richtige Technik dafür wählt. Man muß dabei mit Klebemörtel arbeiten, wie er für das Verlegen von Boden- und Wandfliesen verwendet wird.

Als erstes muß man die Wand an der Stelle, wo man das Mosaik anbringen will, von einem eventuellen Mörtel- oder Gipsverputz befreien, bis das reine Mauerwerk frei liegt. Das ist deshalb so wichtig, weil Klebemörtel beim Abbinden eine gewisse Zugkraft entwickelt und es, wenn wir nicht so verfahren, zum Abplatzen von Teilen des Verputzes kommen könnte. Die verschiedenen Techniken für das Zusammensetzen eines Mosaiks wurden ja bereits erläutert. Wenn wir hier die des „direkten Zusammensetzens" wählen, die freilich recht langsam ist, übertragen wir mit der Schabloniermethode den Entwurf direkt auf die vorbereitete Wand. Das muß nicht mit allen Details geschehen, es genügen die Hauptumrisse, und wir können uns für die endgültige Plazierung der Tesserae gewisse Freiheiten vorbehalten. Das zum Verlegen vorbereitete Mosaik sollte auf dem Boden oder einem Tisch in unserer unmittelbaren Reichweite sein.

Ist die Wand sauber und trocken, beginnen wir mit der Anbringung. Wir bestreichen die Rückseite des ersten Teilchens mit Klebemörtel und drücken es mit der Hand fest auf die vorgesehene Stelle; man kann es auch mit einem Gummihammer leicht anklopfen. Den seitlich austretenden Beton entfernen wir mit einem Spachtel, einem Schaber oder einer Spitzkelle. Wenn wir auf gleiche Weise das nächste Teilchen anbringen, müssen wir darauf achten, daß das erste nicht verschoben wird. Wir fahren mit unserer Arbeit fort, bis unser Mosaik insgesamt auf der Wand sitzt.

In welcher Reihenfolge wir es zusammensetzen, ist unerheblich, da derart kleine Teilchen in jedem Fall auf der Wand haften. Ob wir also von rechts nach links arbeiten oder von oben nach unten oder auch umgekehrt, spielt keine Rolle. Da der Vorgang zeitaufwendig ist, kann der Klebemörtel zu trocknen beginnnen, während wir noch an der Arbeit sind. Wenn man seine Arbeit unterbrechen muß, sollte man unbedingt die Kanten

▶ 1. Ich ersetze für meine Vorführung die Wand durch eine Platte aus Faserzement und knüpfe an die auf Seite 58 gezeigten Arbeitsgänge an. Ich habe auf einem Glasfasernetz ein kleines Stilleben mit vier Flaschen und einem Becher vorbereitet, dessen Konturen mit dunkleren Fliesenstücken betont sind. Die Umrisse habe ich auf die Faserzementplatte übertragen, und ich bestreiche nun die entsprechende Fläche mit Hilfe einer Zahnkelle mit Klebemörtel.

▼ 2. Ich halte das Glasfasernetz mit dem darauf aufgeklebten Mosaik vorsichtshalber vor die mit dem Beton bestrichene Fläche, um mich zu vergewissern, daß diese auch ausreichend groß ist, und drücke dann das Netz mit dem Mosaik darauf auf den Beton.

▼ 3. Ich presse das Mosaik auf dem Netz behutsam auf den Beton, damit es in diesen einsinkt; ich vergewissere mich, ehe ich es loslasse, daß es sicher haftet. Dann lege ich ein glattes Brett über das Mosaik und klopfe es mit einem Holzhammer eben. Dann schneide ich mit einem Cutter das Glasfasernetz weg, so weit es über den Mosaikumriß hinausragt, und entferne mit einer Spitzkelle den an den Seiten ausgetretenen Klebemörtel. Das vorbereitete Mosaik kann ich durch einen Hintergrund ergänzen oder es mit weiteren, ähnlich vorbereiteten Motiven verbinden und dann einen einheitlichen Hintergrund hinzufügen.

der Tesserae von überflüssigem Mörtel reinigen, solange er noch feucht ist.

Die Hinweise der Hersteller für die jeweiligen Mörtelzutaten sollte man unbedingt beachten. Klebemörtel eignet sich auch gut für die Mosaikverlegung auf Faserzementplatten.

Wenn es um die Anbringung eines Mosaiks geht, das auf verschiedene Zementplatten verteilt ist, sollten wir für die Befestigung einen Maurer zu Hilfe rufen. Er wird Mörtel oder Klebemörtel verwenden, vor allem bei schweren Stücken jedoch auch zusätzliche Stifte zum Einschlagen in die Wand und die Trägerplatten, um deren Gewicht gleichmäßiger zu verteilen. Man wird beim Anbringen von unten nach oben vorgehen; vorher aber muß die Grundfläche für das Mosaik gut vorbereitet sein. Sie muß lotrecht und eben sein, und das ganz unabhängig davon, wo nun der Ausgangspunkt liegt.

Wir können für ein solches Wandmosaik auch mit einem Glasfasernetz arbeiten. Dabei würde man die komplizierten Hauptmotive auf einem solchen Netz zusammensetzen und den Hintergrund dann direkt auf der Wand zusammenfügen, wie das auf der vorhergehenden Seite beschrieben ist.

Diese Arbeitsweise ist am weitesten verbreitet bei jenen Mosaizisten, die ihre Schöpfungen im Atelier vorbereiten, was bequemer ist, und sie dann erst an den endgültigen Standplatz übertragen. Daher stelle ich hier auch zwei unterschiedliche Methoden für das Zusammensetzen vor, auch wenn sie beide als „direkt" gelten.

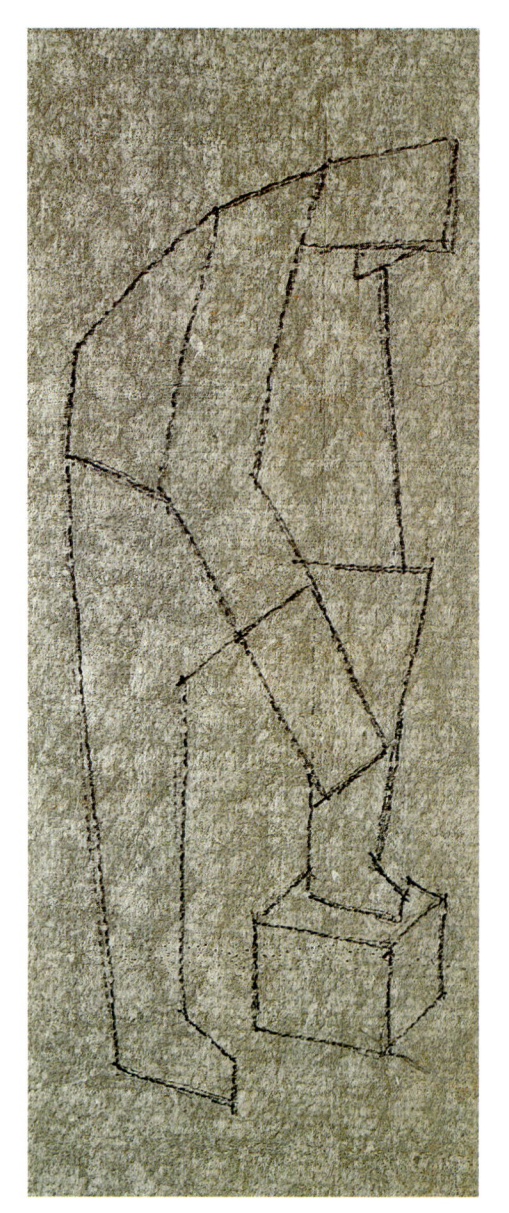

◀ 1. Ich ersetze wieder für das gezeigte Beispiel die Wand durch eine Faserzementplatte, was keinen Unterschied macht. Ich übertrage die Vorzeichnung auf diese Platte, und damit ist sie bereits fertig, um als Trägerfläche für das Mosaik zu dienen.

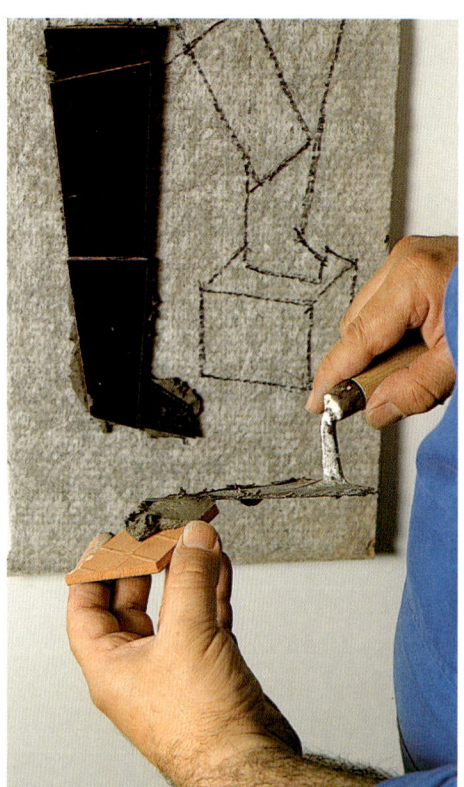

▲ 2. Vorab habe ich das Mosaik vorbereitet, das nun auf dieser Trägerplatte zusammengesetzt werden soll, und auch den dafür erforderlichen Klebemörtel. Ich beginne mit dem Teilstück für den rechten Fuß (nebenstehend links unten) und trage darauf ein wenig von dem Klebemörtel auf. Dann setze ich es auf die Platte und drücke es behutsam fest. Überschüssigen Klebemörtel gebe ich in die Mischwanne zurück und mische ihn dort unter.

▼ 3. Ich fahre mit den anderen Teilen für das Bein und dann Arm und Körper fort, zum Schluß kommt das zweite Bein und die Auflage, auf der es ruht. Damit ist das eigentliche Mosaik fertig, und der Hintergrund wird später nach der gleichen Methode verlegt. Für die Einzelteile des Mosaiks habe ich Keramikfliesen verwendet.

Übersichtstafel

Methode des Zusammensetzens	Trägerfläche/ Untergrund	Zwischen-Trägerfläche	Bindemittel	Materialien	Oberfläche	Standplatz
Direkt	Sperrholzplatte		Weißleim, Epoxidkleber	Fliesen, MG, UTP, GFT, Smalten	Eben oder mit geringem Relief wegen unterschiedlicher Stärke der Tesserae	Innen
	Faserzement		Epoxidkleber, Klebemörtel	Fliesen, MG, UTP, GFT, Smalten	Eben oder mit geringem Relief wegen unterschiedlicher Stärke der Tesserae oder deren Zusammensetzung	Innen/außen
	Beton (Wand) Backstein (Wand)		Klebemörtel	Fliesen, MG, UTP, GFT, Smalten	Eben oder geringes Relief	Innen/außen
	Beton (Wandbild)		Klebemörtel	Fliesen, MG, UTP, GFT, Smalten	Tesserae schmiegen sich der Oberfläche des Wandbilds an	Innen/außen
	Fliesen (Terrakotta)		Epoxidkleber, Klebemörtel, Weißleim	Fliesen, UTP, GFT, Smalten	Eben oder geringes Relief	Innen/außen
	Skulptur (Terrakotta)		Klebemörtel	MG	Tesserae schmiegen sich der Oberfläche der Skulptur an	Innen/außen
	Marmor, Gestein		Epoxidkleber, Klebemörtel	Fliesen, MG, UTP, GFT, Smalten	Eben und/oder Relief	Innen/außen
		Glasfasernetz (verbleibt in der Wand)	Neoprenkleber (anschließend Verlegen mit Mörtel oder Klebemörtel)	Fliesen, MG, UTP, GFT, Smalten (Gewicht beachten!)	Eben und/oder geringes Relief	Innen/außen
Indirekt-positiv	Armierte Betonplatte	Ton, Knetmasse, Sand		Fliesen, MG, UTP, GFT, Smalten, Kiesel	Relief folgt den Modellierungen des Untergrunds	Innen/außen
Indirekt-negativ (Umkehrung)	Armierte Betonplatte	Kraftpapier, Tarlatan	Wasserlöslicher oder Papierleim, Haut- oder Knochenleim	MG, UTP, GFT, Smalten	Eben	Innen/außen

MG . . . . Marmor/Gesteine
UTP . . . . Unglasierte Tonplatten
GFT . . . . Glasfluß-Tesserae
Epoxidkleber . . . . Zweikomponentenkleber (Kunstharz und Katalysator)

Trägerflächen

Mosaiken kann man sowohl auf Böden als auch an Wänden verlegen; erforderlich ist jeweils lediglich, daß die entsprechende Fläche zum Einfügen der Tesserae gut vorbereitet wurde und sich dafür eignet.

Der Mosaikkünstler muß Bescheid darüber wissen, welche Trägerfläche unter den gegebenen Umständen für die jeweilige Arbeit die geeignetste ist. Wenn man nach der direkten Methode vorgeht, ist die Wand selbst oder auch eine Platte etwa aus Holz oder Faserzement die Trägerfläche, bei der indirekten Methode dagegen müssen wir ein Trägermaterial wie zum Beispiel Tarlatan oder Kraftpapier dazwischenschalten.

Damit ergibt sich die Grundunterscheidung in definitive und in vorläufige oder Zwischen-Trägerflächen.

Trägerflächen und dafür geeignete Bindemittel

Definitive Trägerflächen

Auf definitiven, endgültigen Trägerflächen arbeitet man bei der direkten Zusammensetzung, auf vorläufigen bei der indirekten. Zu den endgültigen zählen Platten aus Sperrholz, Faserzement, Marmor oder sonstigem Gestein, niedrig oder hoch gebrannte Terrakottaplatten usw., und jede davon verlangt wieder eine besondere Technik sowie die Kenntnis der am besten dafür geeigneten Klebstoffe oder Bindemittel.

Holzplatten sind nicht zu empfehlen, denn selbst wenn sie völlig trocken sind, besteht doch immer die Gefahr des Verwerfens. Sperrholzplatten dagegen sind gut geeignet, weil sie nicht nur leicht sind, sondern weil ihre Fertigungsweise das Verwerfen und Verbiegen weitestgehend ausschließt.

Auf solche Platten kann man die Tesserae mit weißem Tischlerleim kleben oder auch mit einem Zweikomponentenkleber, wobei die erstere Methode einfacher ist.

Andererseits kommt für derartige Platten auf keinen Fall Mörtel, Beton oder Klebemörtel in Frage.

Fürs Freie eignen sich Mosaiken auf Sperrholzplatten nicht, weil durch die Feuchtigkeit das Holz sich dennoch verziehen kann und dann die Mosaiksteinchen abspringen.

Auf sonstigen Trägerflächen, also solchen aus Faserzement, Marmor oder Terrakotta, lassen sich die Tesserae befestigen mit Zweikomponentenkleber, Mörtel oder Klebemörtel. Als weitere Trägerschicht ist bei dieser Art des Zusammensetzens zu erwähnen das Glasfasernetz. Es ist jedoch im Grunde nur ein Übertragungs-Hilfsmittel, auf dem man vorläufig die Teile des Mosaiks mit Neoprenkleber befestigt, ehe die Übertragung geschlossen auf die endgültige Trägerfläche erfolgt.

▲ Definitive Trägerflächen sind solche, auf denen das Mosaik dann endgültig verbleibt. Zu ihnen zählen Sperrholz-, Beton-, Terrakotta- und Marmorplatten.

▼ Ton, Knetmasse (Plastilin) und Sand dienen zur vorläufigen Zusammensetzung bei der indirekt-positiven Methode.

Zwischen-Trägerflächen

Beim indirekten Verfahren brauchen wir eine vorläufige Trägerfläche, auf der das Mosaik vorab zusammengesetzt wird. Dafür eignen sich Sand, feuchter Ton oder Knetmasse. Wenn man Ton benutzt, muß dieser während der Arbeit gut feucht gehalten werden, damit er nicht austrocknet; bei Arbeitspausen muß er mit einem feuchten Tuch und Plastikfolie abgedeckt werden.

Bei Knetmasse muß man ein rasches Austrocknen nicht befürchten. Ihr Fettanteil sorgt für beständige Konsistenz über lange Zeit unter der Voraussetzung, daß sie gut abgeschlossen in einem warmen Raum aufbewahrt wird.

Auch Sand ist gut geeignet als vorläufige Trägerfläche, sofern er ordentlich festgestampft wurde und feucht gehalten wird.

Abschließend möchte ich drei weitere vorläufige Trägerflächen erwähnen, die als Übertragungshilfe für das Mosaik dienen können. Das sind zum einen das Glasfasernetz (für das direkte Zusammensetzen) und zum anderen, für das indirekte, Bogen aus Kraftpapier und Stücke von Tarlatan (Baumwollgaze). Der Umgang damit wird bei der Darstellung der jeweiligen Arbeitsabläufe erläutert.

Bindemittel

Unter diesem Begriff fassen wir Klebstoffe und sonstige Materialien zusammen, die der Befestigung der Tesserae auf der vorläufigen oder endgültigen Trägerfläche dienen.

◄ Tarlatan (Baumwollgaze) und Kraftpapier werden als Zwischen-Trägerflächen bei der Umkehrvariante des indirekten Zusammensetzens verwendet.

▼ Ein Gitternetz aus Glasfasern ist ebenfalls eine vorübergehende Trägerfläche und ein Hilfsmittel zur Übertragung beim direkten Zusammensetzen; es wird mit dem darauf zusammengefügten Mosaik in die Bindemasse eingedrückt.

Die hauptsächlichsten davon sind weißer Tischlerleim, Haut- oder Knochenleim, Zweikomponentenkleber, Neoprenkleber, Papierleim, Mörtel, Beton und Klebemörtel.

Weißer Tischlerleim ist ideal besonders für das Befestigen auf porösen Oberflächen, auf Sperrholz- und auf Terrakottaplatten und insgesamt für Mosaiken, die Innenräumen vorbehalten sind.

Die Zweikomponentenkleber auf Kunstharzbasis setzen sich zusammen aus dem eigentlichen Klebstoff und einem Härter, und man muß sich dabei genau an die Anweisungen des Herstellers halten. Sie eignen sich besonders für Mosaiken im Freien und für das Zusammensetzen auf Platten aus Faserzement, Marmor und Terrakotta.

▼ Zum Befestigen der Tesserae auf dem Glasfasernetz verwendet man Neoprenkleber; da er verhältnismäßig langsam trocknet, sind für einen gewissen Zeitraum auch noch Korrekturen möglich.

▶ Haut- und Knochenleim und Papierleim sind wasserlöslich und werden auf Tarlatan und Kraftpapier verwendet, weißer Tischlerleim bei der direkten Methode auf Sperrholzplatten. Zweikomponentenkleber aus Kunstharz und einem Härter ist für alle Trägerflächen geeignet.

Die vorstehenden Bindemittel sollte man nur für Mosaiken auf waagrechten Flächen verwenden. Für senkrechte (also Wände) ist davon abzuraten, insbesondere, was den Weißleim betrifft. Grundsätzlich kann man auch mit Schnellklebern arbeiten, sie haben aber den Nachteil, daß man immer nur kleine Mengen ansetzen kann und diese dann rasch verbrauchen muß.

Neoprenkleber benutzt man für das Befestigen der Tesserae auf einem Glasfasernetz, wasserlöslichen Papier-, Haut- oder Knochenleim auf Tarlatan und Kraftpapier.

Mörtel und Beton

Diese beiden Bindemittel werden auf gleiche Weise hergestellt, doch sind ihre Zutaten unterschiedlich; wir setzen sie für das indirekte Verlegen ein.

Wir schütten Sand, Splitt und Zement in entsprechenden Anteilen in die Mischwanne und mengen mit der Kelle gut durcheinander. Dann gießen wir Wasser hinzu und rühren mit der Kelle die Mischung durch, bis eine kremige Konsistenz erreicht ist. Diesen Beton oder Mörtel streichen wir etwa 10 bis 15 mm dick mit einer Kelle oder Spitzkelle auf die Rückseite des Mosaiks, das wir dann leicht schütteln, damit die Luft aus Mörtel oder Beton entweichen kann und die Masse gut in die Spalten zwischen den Mosaiksteinchen eindringen kann. Dann legen wir ein Stück Drahtgeflecht (es sollte ein wenig kleiner sein als das Mosaik) auf diese erste Mörtel- oder Betonschicht, und anschließend füllen wir den um das Mosaik gelegten Rahmen vollends mit Mörtel oder Beton aus, den wir nach nochmaligem Schütteln glattstreichen.

Nach etwa einer Stunde für das Absetzen ritzt man mit einem Stichel oder sonst einem spitzen Werkzeug die Oberfläche vielfach ein. Diese Einritzungen sorgen dafür, daß später das Mosaik besser an der Wand haftet, wenn es auf dieser mit einer Schicht von Klebemörtel befestigt wird.

Ein auf diese Weise mit Mörtel oder Beton bedecktes Mosaik muß wenigstens 72 Stunden trocknen, ehe man den Rahmen darum entfernt. Während dieser Zeit sollte es bedeckt bleiben mit einem feuchten Tuch (das man immer wieder frisch mit Wasser benetzt) und einer Plastikfolie darüber, damit Beton oder Mörtel nur allmählich durchtrocknen.

Mörtel dient sowohl zum Ausfüllen von Spalten zwischen den einzelnen Mosaiksteinchen als auch zur Anfertigung der Grundplatte auf der Rückseite des Mosaiks. Er wird angesetzt aus einem Teil Portlandzement und/oder Weißzement, einem Teil Kalk, drei Teilen feinem Sand und Wasser.

Beton dagegen verwendet man zum Auffüllen des um das Mosaik gezogenen Rahmens. Er wird gemischt aus einem Teil feinen Splitts, einem Teil Portlandzement, zwei Teilen Sand und Wasser.

▼ Mörtel wird gemischt aus Portlandzement, Weißzement, Kalk, Sand und zermahlenem Marmor. Klebezement wird (meist unter Verwendung von Traßzement) schon fertig gemischt geliefert und muß daher nur noch mit Wasser angerührt werden; nach etwa zehn Minuten ist er einsatzfähig.

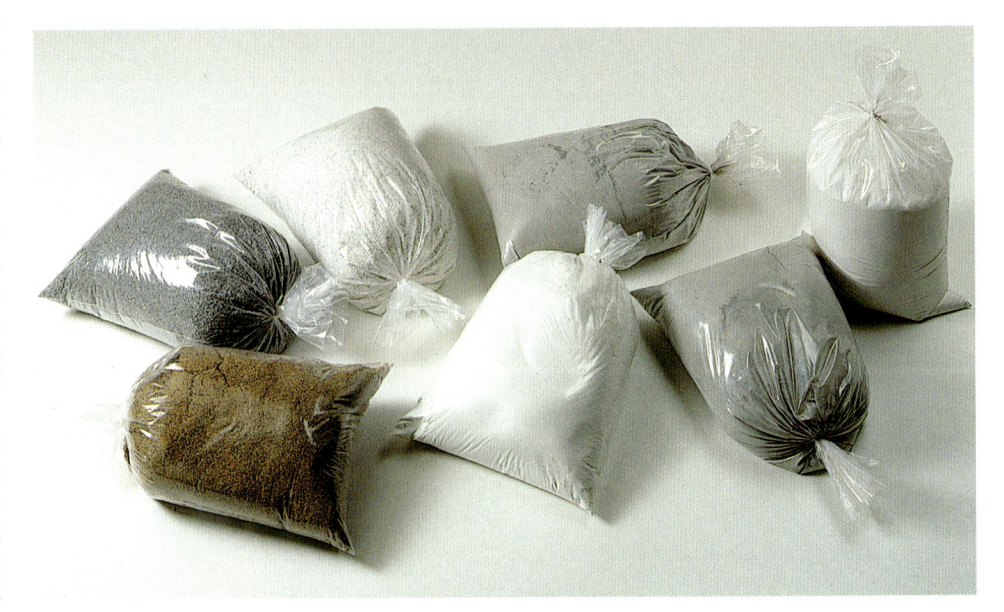

▲ Für die Zubereitung des Mörtels mischen wir drei Teile Sand mit einem Teil Portland- oder Weißzement. Für Kalkmörtel setzen wir einen Teil Kalk hinzu (oder auch etwas weniger, bis zu einem halben Teil).

▶ Beim indirekten Zusammensetzen ist, sowohl beim Positiv- wie beim Negativverfahren, ein Drahtgitternetz (eine „Armierung") erforderlich, um der Mörtel- oder Betonschicht auf der Rückseite des Mosaiks Festigkeit zu verleihen.

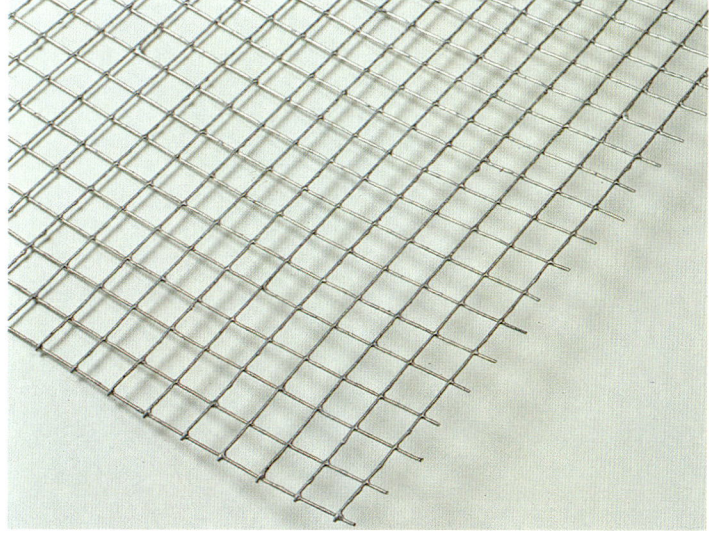

Sehr wichtig ist es, immer genau jene Bindemittel (Leim, Kleber, Mörtel, Beton) einzusetzen, die für die jeweiligen Materialien und Verlegeformen empfohlen wurden; dabei sollte man aufmerksam die Herstellerhinweise beachten. Man muß stets die Trägerflächen und die jeweiligen Aufsatzflächen der Tesserae sorgfältig von allen eventuellen Resten sonstiger Materialien reinigen.

Behälter für Bindemittel müssen immer gut verschlossen sein, um ein Austrocknen zu verhindern. Um bei in Büchsen aufbewahrten Bindemitteln die Bildung einer trockenen Haut oben zu verhindern (besonders wenn sie über einen längeren Zeitraum nicht gebraucht werden), empfiehlt es sich, sie mit einer etwa 2 bis 3 mm dicken Wasserschicht zu bedecken.

Entscheidend ist auch die richtige Wahl der Trägerfläche. Mosaiken, die im Freien an einer Wand angebracht werden, sollten stets auf einer Schicht von Mörtel oder Klebezement verlegt werden. Ist die unmittelbare Einbettung in die Wandfläche nicht zwingend, ist der Einsatz von Platten aus Faserzement vorzuziehen. Ein auf solchen Platten zusammengesetztes Mosaik kann man nämlich an der Wand anbringen, es aber auch wieder entfernen, falls sich ein Anlaß dafür ergibt.

▼ Große Sorgfalt und konzentrierte Aufmerksamkeit sind nicht nur beim Umgang mit Elektrogeräten während des Zuschneidens erforderlich, sondern auch beim Einsatz der entsprechenden Bindemittel.

Drahtgitterverstärkungen

Solche Verstärkungen sind unentbehrlich, wenn ein Rahmen mit Mörtel oder Beton ausgefüllt werden soll.

Nach Möglichkeit sollte man punktgeschweißte Stahldrahtmatten verwenden, wie sie beim Bau eingesetzt werden; der Drahtdurchmesser sollte allerdings 4 mm nicht überschreiten, da ja die Mörtel- oder Betonschicht nicht sehr dick ist.

Wenn uns solche Matten nicht zur Verfügung stehen, können wir uns entsprechende Gitter selbst herstellen, indem wir sich überkreuzende Drähte an den Kreuzungspunkten mit dünnem Draht oder einem Tropfen Klebstoff verbinden. Eine Variante wäre, eine Reihe von Drahtsträngen oder dünnen Stahlstreifen nebeneinander in den Beton oder Mörtel zu drücken, sie mit einer dünnen Deckschicht zu bestreichen und in diese dann weitere Stränge oder Streifen quer zu den ersteren so einzufügen, daß sie nicht verrutschen.

Schließlich käme noch Netzwerk aus verstähltem Metall in 1-cm-Raster (aber kein sogenannter „Hühnerdraht") in Frage, das sich vollkommen glatt und eben in die Mörtel- oder Betonschicht einbetten läßt.

Praktische Ratschläge

Das Rohmaterial für die Anfertigung der Mosaikteilchen, sonstige Materialien in handlichen Mengen und auch überzählige Tesserae sollte man am besten auf Regalen aufbewahren. Es macht allerdings wenig Sinn, kleinste Abfallstückchen aufzuheben, wie sie regelmäßig beim Zuschnitt der Tesserae in erheblichen Mengen anfallen. Wesentlich rationeller ist es, sich solche Stückchen bei tatsächlichem Bedarf unmittelbar zuzuschneiden.

Schritt für Schritt

Bisher haben wir uns mit einer ganzen Reihe von Arbeitsgängen in der Theorie beschäftigt – nun aber wollen wir sie in die Praxis umsetzen. Der beste Weg dafür ist die Einübung anhand einiger Projekte mit unterschiedlicher funktionaler und künstlerischer Zielsetzung, gefertigt in wechselnden Techniken mit verschiedenen Grundmaterialien, Bindemitteln und Trägerflächen und unter Einsatz jeweils abweichender Werkzeuge und Geräte. Dadurch werden wir im Detail vertraut mit der Entstehung einer Mosaikarbeit von ihrer Vorbereitung an bis zu ihrer Vollendung.

Diese Projekte sollen als Beispiele für eigenständige Arbeiten dienen und nicht einfach nachgemacht werden; trotz gewisser Übereinstimmungen sind sie doch recht unterschiedlich. Sie sind nach Entwürfen des Verfassers und zu dessen Zufriedenheit in der Überlegung entstanden, an ihnen die jeweils am besten dafür geeigneten Techniken unter Verwendung der zu bevorzugenden Materialien zu erläutern.

Jedem dieser Projekte ist eine allgemeine Übersicht über Zielsetzung und Arbeitsablauf vorangestellt, und in einer Art von „Fotoreportage" werden dann die einzelnen Arbeitsgänge im Detail gezeigt und geschildert. Dabei war es mir außerordentlich wichtig, die Vorgänge so darzustellen, daß beim Leser keine Fragen offenbleiben, aber zugleich klar, präzis und leicht verständlich.

Es ist mein Wunsch und meine Hoffnung, daß Sie mit zunehmender Praxis anhand dieser Beispiele und unter Nutzung Ihrer eigenen Phantasie zu Ihrer ganz persönlichen, eigenständigen und besonderen Art der Gestaltung von Mosaiken finden.

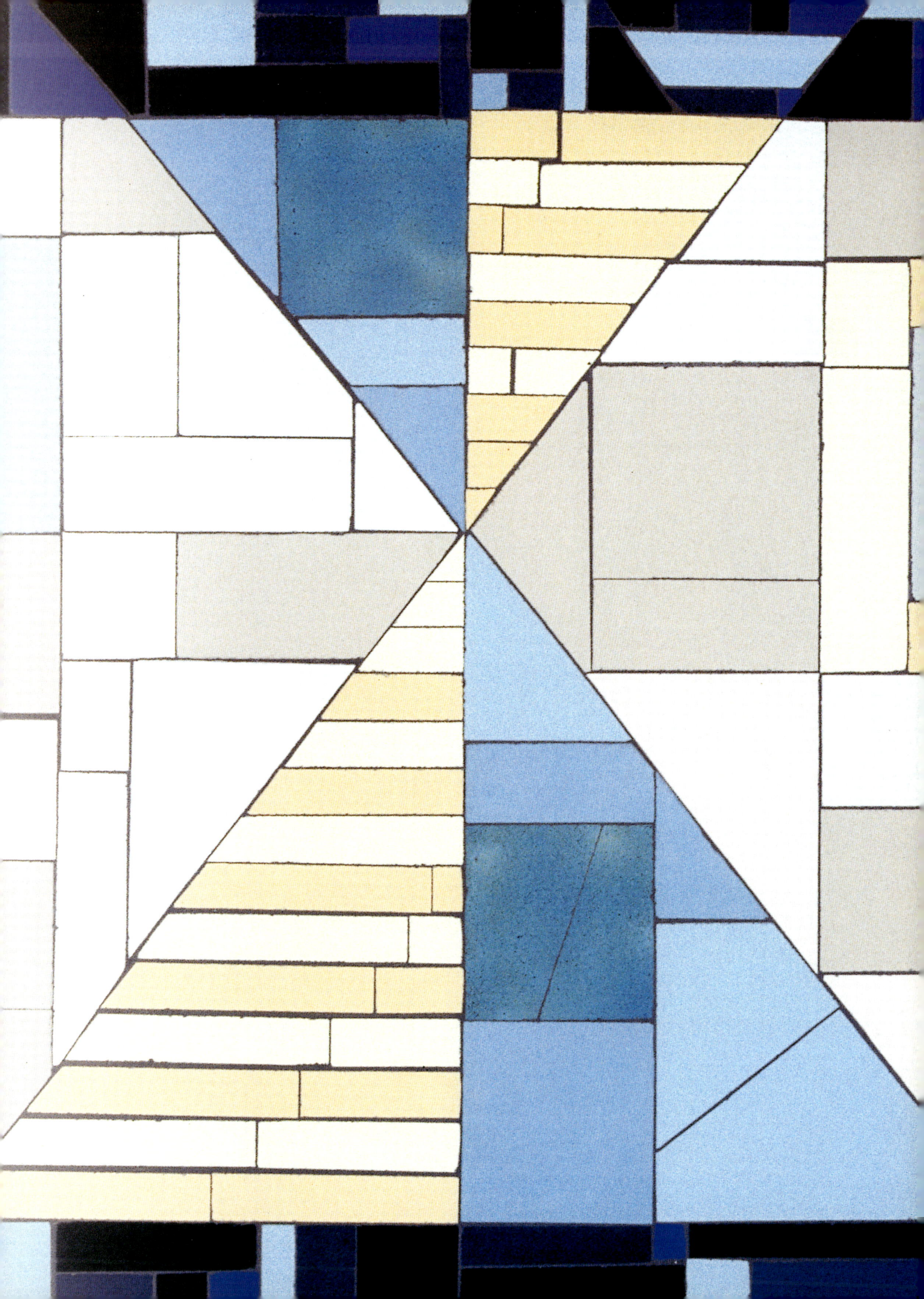

Tischplatte, gefertigt in der Technik des direkten Zusammensetzens

Die Anfertigung dieser Tischplatte bietet keine besonderen Schwierigkeiten. Weil sie nach der Methode des direkten Zusammensetzens erfolgt, kann sie wirklich als unkompliziert bezeichnet werden.

Da die fertige Tischplatte völlig glatt und eben sein sollte, habe ich als Belag dafür Keramikplättchen gleicher Stärke gewählt.

Wenn man das Belagmaterial so mit den passenden Werkzeugen zuschneidet, wie das im folgenden gezeigt und erläutert wird, dürfte selbst bei nur durchschnittlicher Geschicklichkeit diese erste Arbeit keine besonderen Probleme bieten.

Beim Entwurf sollten wir im Auge behalten, daß man eine solche Tischplatte aus verschiedenen Blickwinkeln betrachtet (im Gegensatz also zu einem Wandbild, für das eine bestimmte Blickrichtung gilt), daß man also von der Gesamtwirkung der Fläche ausgehen muß, weswegen man auf ein Hauptmotiv und auch Nebenmotive besser verzichtet.

Zu bedenken ist auch, daß ein solcher Tisch nicht auf Dauer im Freien stehen sollte, weil die Luftfeuchtigkeit zum Verwerfen des Holzes und damit zum Abplatzen von Mosaikteilchen führen könnte.

Wenn man andererseits als Trägerfläche eine Faserzementplatte verwendet, kann man bei gleicher Methode für das Zusammensetzen auch einen mosaikgeschmückten Tisch für die Aufstellung im Freien gestalten. In diesem Fall muß man als Bindemittel Klebezement oder Epoxidkleber benutzen.

Noch eine Anmerkung zum Schluß: Falls man mit Keramikplättchen oder Tesserae verschiedener Dicke arbeiten will, muß die Verlegung auf einer Faserzementplatte mit Klebemörtel erfolgen, damit sich eine ebene Oberfläche ergibt; für das Zusammensetzen kann man auch die indirekt-positive Methode wählen.

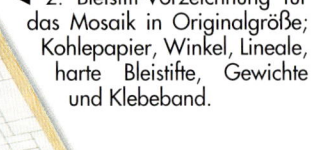

▲ 1. Stilleben mit Materialien und Handwerkzeug für die Anfertigung dieser Tischplatte: Sperrholzplatte, Keramikplättchen, Weißleim, Pinsel, Fliesenschneider und -brecher, Brech- und Flachzange, Schleifsteine und Vorzeichnung für das Mosaik.

◀ 2. Bleistift-Vorzeichnung für das Mosaik in Originalgröße; Kohlepapier, Winkel, Lineale, harte Bleistifte, Gewichte und Klebeband.

◀▲ 3./4. Ich bedecke die Tischplatte mit Kohlepapier, lege darauf die Vorzeichnung, beschwere sie mit den Gewichten und pause sie dann durch.

◄ 5. Ich vergewissere mich, daß die Vorzeichnung deutlich und vollständig übertragen wurde.

▼ 6. Die Anordnung der einzelnen Mosaikstücke ist sauber auf der Holzplatte markiert.

◄ 7. Mit Hilfe des Anschlagwinkels ziehe ich mit einem Filzstift auf der Fliese eine Linie, längs der ein Stück abgetrennt werden soll.

▼ 9. Mit dem Fliesenbrecher trenne ich das Teilstück dann ab.

▼ 8. Mit dem Fliesenschneider ritze ich auf der Oberfläche der Fliese diese Linie ein.

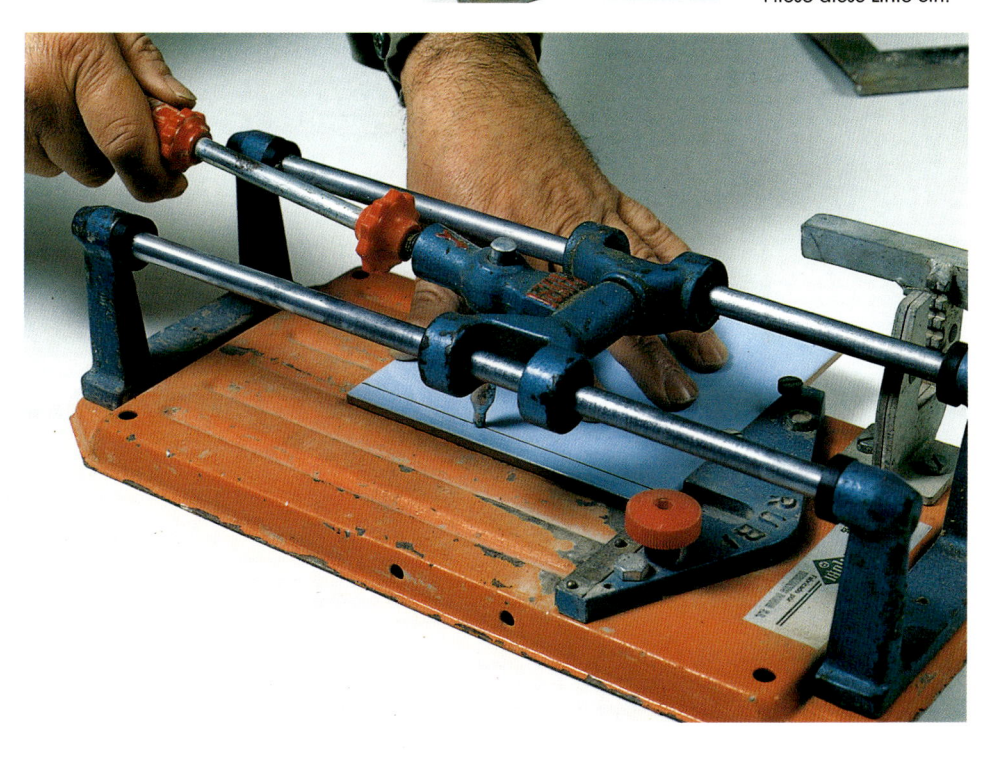

71

◄ 10. Mit einem Schleifstein glätte ich die Kanten der verkürzten Fliese.

▼ 11. Ich lege die Fliese auf die übertragene Zeichnung und markiere mit Hilfe eines Lineals eine weitere Schnittlinie.

◄ 12. Nun habe ich weitere Teile des in Blau gehaltenen Teilmotivs auf die Zeichnung aufgelegt, ohne sie jedoch schon festzukleben.

◄ 13. Ich fahre auf gleiche Weise mit hell- und dunkelgelben Streifen fort, die ich entsprechend zugeschnitten habe.

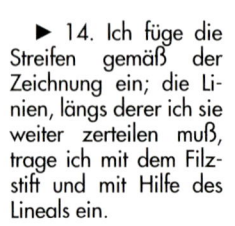

► 14. Ich füge die Streifen gemäß der Zeichnung ein; die Linien, längs derer ich sie weiter zerteilen muß, trage ich mit dem Filzstift und mit Hilfe des Lineals ein.

▲ 15. Nach dem Verlegen der gelben Streifen wende ich mich den weißen und grauen Flächen zu. Hier knipse ich gerade mit einer Flachzange den überschüssigen Teil einer Fliese längs einer Trennlinie ab, die ich vorher mit dem Fliesenschneider eingeritzt habe.

▶ 17. Hier bestreiche ich die Holzplatte an einer Stelle, die von einem dreieckigen Fliesenstück bedeckt werden soll, mit Leim.

▼ 18. Sodann bestreiche ich die gesamte Rückseite des betreffenden Fliesenstücks gut deckend mit Leim, um sie dann an entsprechender Stelle festzukleben.

▲ 16. Teilbereich der Tischplatte mit aufgelegten, aber noch nicht angeklebten Fliesenstücken.

▼ 19. Nachdem ich die Teile für die in Blau gehaltene Dreiecksfläche angeklebt habe, vervollständige ich die gelben Streifen. Ich richte sie an einer Holzlatte aus und füge die fehlenden Stücke ein.

▲ 20. Ein Blick auf diesen zusammengesetzten Teilbereich des Mosaiks. Beachten Sie den aus den Fugen gequollenen Leim – er darf erst nach dem Trocknen entfernt werden.

▲ 21. Ich fahre mit der Arbeit fort, indem ich auf einen weiteren Teilbereich die Fliesenstücke erst einmal auflege.

◀ 22. Vor dem Ankleben der Stücke schiebe ich sie zunächst etwas auseinander.

▲ 23. Die frisch festgeklebten Fliesenzuschnitte kann man mit einer Messerschneide oder sonst einem flachen Werkzeug noch genauer zurechtrücken; auch flache Zahnstocher eignen sich hierfür.

◀ 24. Hier habe ich die entsprechende Stelle der Sperrholzplatte schon mit Leim bestrichen und pinsle nun auf das Fliesenstück, das dort eingesetzt werden soll, ebenfalls Leim auf.

◀ 25. Dann drücke ich die Fliese gut fest, wobei an den Kanten Leim austritt.

▶ 26. Mit einer Kneifzange beseitige ich an der Kante eines Fliesenstreifens Unregelmäßigkeiten, die sich beim Abtrennen ergaben.

▲ 27. Hier habe ich nun das Streifenmuster eines Teilbereichs aufgelegt.

▲ 28. Das gelb gestreifte Rechteck ist bereit zum Ankleben. Die Teilchen längs des dunkleren Schrägstreifens wurden wieder mit Hilfe einer Holzleiste exakt eingepaßt.

◀ 29. Nun sind auch die grünen Flächen in das Mosaik eingefügt.

◄ 30. Die noch fehlenden Teile des Mosaiks liegen hier, zugeschnitten und angeordnet, zum Einkleben bereit.

▼ 31. Während des Zuschneidens der Fliesenstücke fallen, vor allem bei Verwendung von Zangen, kleine Splitter an, die man sorgfältig mit einem breiten Pinsel entfernen muß. Wenn sie nämlich unter ein Mosaikteil geraten, klebt dieses nicht sauber und eben auf der Holzplatte fest.

▲ 32. Mit Ausnahme seiner Umrandung ist das Mosaik nun fertig.

► 33. Ich stelle diese in verschiedenen Blautönen gehaltene Umrandung zusammen und lege sie zunächst einmal nur auf.

◄ 34. Ich habe auf dem Arbeitstisch die Streifen für drei Seiten der Umrandung vor dem Ankleben neben den Außenkanten der Tischplatte zusammengesetzt.

▲ 35. Als nächstes klebe ich die Fliesenstückchen der Umrandung fest, wobei Leim an den Fugen austritt. Man muß die Stückchen gut festpressen, damit sich eine ebene Oberfläche ergibt.

▲ 36. Nun sind knapp drei Viertel der Umrandung fertiggestellt. Jetzt schneide ich auch die Plättchen für den Rest zurecht und ordne sie auf meinem Arbeitstisch so an, wie sie dann festgeklebt werden müssen.

▲ 37. Zwischen den Fugen tritt Leim aus.

► 38. Sobald dieser getrocknet ist, entferne ich ihn mit der Klinge eines Cutters.

◄ 39. Man kann dafür auch einen Spachtel mit gut geschärfter Klinge verwenden.

▲ 40. Ich säubere die Oberfläche des Mosaiks mit einem feuchten Tuch.

▲ 41. Das fertig zusammengesetzte Mosaik

► 42. Weil dieses Mosaik die Oberfläche eines Tisches bildet, muß ich die Fugen zwischen den Teilchen versiegeln. Ich brauche dafür eine feine Bürste und eine mit harten Borsten, einen Pinsel, pulverisierte schwarze Farbe, Weißleim, Spachtelmasse, Abdeckklebeband, Wasser, Spachtel und Gummihandschuhe.

▶ 43. Ich mische die Spachtelmasse mit der pulverisierten schwarzen Farbe. Wenn eine gleichmäßig dunkle Farbe erreicht ist, füge ich Wasser hinzu, bis ein dickflüssiger Brei entstanden ist. Diesen lasse ich für etwa 20 Minuten ruhen, ehe ich damit zu arbeiten beginne.

◀ 44. Mit dem Abdeckklebestreifen decke ich auf allen vier Seiten die Oberkante des Holzrahmens um die Tischplatte ab.

▼ 45. Mit einem Spachtel streiche ich die angerührte Spachtelmasse in die Fugen ein.

▼ 46. Man kann die Spachtelmasse auch mit einem Pinsel auftragen; sie muß etwa 30 Minuten lang trocknen.

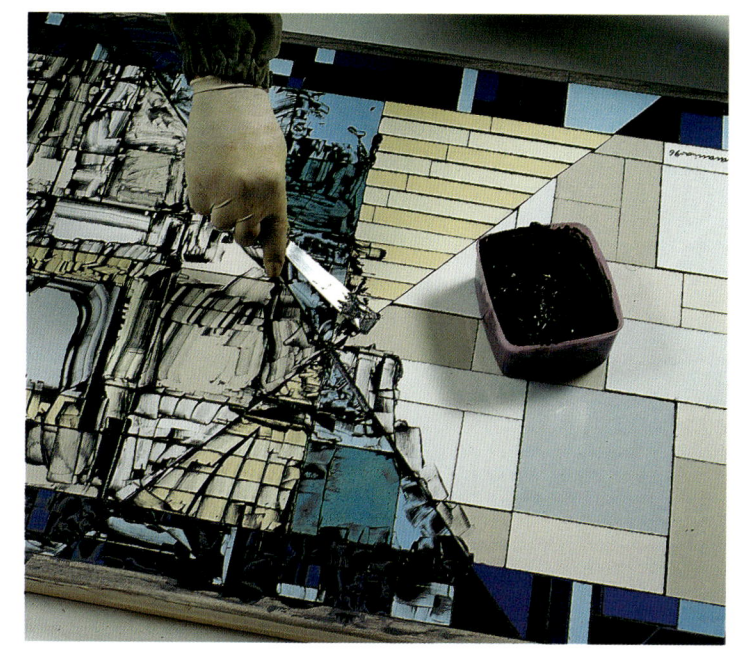

◀ 47. Zum Reinigen der Oberfläche des Mosaiks verwende ich zunächst einen feuchten Lappen.

◀ 48. So sieht das Mosaik nach dem Säubern mit dem feuchten Lappen aus.

◀ 49. Man bestreut nun (eventuell nach Wiederholung der Reinigung mit dem feuchten Lappen) das Mosaik mit feinem Sägemehl und setzt die Säuberung mit der hartborstigen Bürste oder mit Espartogras fort.

▲ 50. Mit Hilfe des Sägemehls und der hartborstigen Bürste oder des Espartograses entferne ich die auf der Oberfläche verbliebenen Reste der Spachtelmasse.

◀ 51. Abschließend streue ich nochmals feines, nunmehr angefeuchtetes Sägemehl auf und bearbeite die Oberfläche mit der Bürste.

▲ 52. Das fertige Mosaik, das auch als Wandbild dienen könnte.

▲ 53. Zum Schluß wird die Tischplatte mit dem Untergestell verbunden, und der Tisch ist gemäß seiner Bestimmung einsatzbereit!

Chavarria: *Gleichgewicht von Blau und Gelb.* 1997, Keramikfliesen, 120 x 60 x 1 cm.

Wandbild, gefertigt in der Technik des direkten Zusammensetzens

Wie schon erwähnt, lassen sich Wandmosaiken und Wandbilder auch unter Verwendung von Faserzementplatten als Trägerfläche gestalten. Man kann darauf mit Klebezement oder Epoxidklebern Tesserae aus sämtlichen geläufigen Materialien befestigen.

Solche Platten sind besonders geeignet für Mosaiken im Freien, da sie unempfindlich gegen Witterungseinflüsse sind. Sofern eine Aufstellung oder Anbringung in Innenräumen vorgesehen ist, kann man auch mit Tischlerweißleim arbeiten.

Das hier als Relief mit einer Maximalhöhe von 4 cm gestaltete Wandbild wird zusammengefügt aus Streifen und kleinen Platten aus Marmor, Travertin, Granit und Steinzeug. Die drei erstgenannten Materialien wurden vorab industriell zugeschnitten.

Aus den Gesteinsstreifen habe ich für das Mosaik mit dem Winkelschleifer oder auch mit Hammer und Dorn kleinere Stückchen zugeschnitten. Solche Arbeiten sollte man (worauf ich früher schon nachdrücklich verwiesen habe) möglichst immer im Freien vornehmen und stets unter Verwendung von Gesichtsschutz oder Schutzbrille und Staubmaske und Handschuhen; außerdem ist beim Einsatz von Elektrogeräten immer ganz besondere Sorgfalt angezeigt.

Den Epoxidkleber sollte man immer nur in kleinen Mengen anrühren, weil er nach dem Mischen von Kunstharzkleber und Härter stets rasch fest wird. Man kann damit nur für etwa eine Stunde nach dem Zusammenmischen gut arbeiten; anschließend sollte er wenigstens 12 Stunden lang trocknen, doch erreicht er seinen höchsten Wirkungsgrad erst nach drei Tagen. Bei hoher Außentemperatur wird er noch schneller trocken, andererseits sollte er bei Temperaturen unter 15 Grad möglichst gar nicht eingesetzt werden, da sich hierbei der Katalysator (Härter) nicht ausreichend entwickeln kann.

Ich habe für das vorliegende Beispiel deshalb mit diesem Bindemittel gearbeitet, weil die Teilstücke im Verhältnis zu üblichen Mosaiken doch recht groß und schwer sind und eine gute Haftung dennoch gewährleistet sein mußte.

▲ 1. Die Faserzementplatte, die für die Gestaltung des Wandbilds eingesetzten Materialien, Werkzeuge und Bindemittel und das zum persönlichen Schutz empfohlene Zubehör.

▼ 2. Ausgehend von meinem Entwurf, habe ich hier die entsprechenden Umrißlinien direkt auf der Faserzementplatte eingezeichnet. Natürlich könnte man auch eine auf Originalgröße gebrachte Vorzeichnung auf die Platte durchpausen.

◄ 3. Ich lege zunächst die ersten Streifen auf die Trägerfläche auf.

▼ 4. Ich mische eine kleine Menge des Epoxidklebers aus gleichen Teilen von Kunstharz und Härter an und bestreiche damit die Rückseite eines Granitstreifens.

▼ 5. Ich klebe den Granitstreifen in der exakten Position fest. Dieses genaue Plazieren ohne nachträgliches Verschieben ist nicht deshalb so wichtig, weil letzteres unmöglich wäre, sondern weil das sehr klebrige Bindemittel sonst die Platte verschmiert.

▼ 6. Ich knipse mit der Kneifzange ein Stückchen von dem Marmorstreifen ab. Das ist mit diesem Werkzeug bei Stärken bis zu 1 cm möglich, sofern man über die erforderliche Kraft verfügt und sie richtig einsetzt.

83

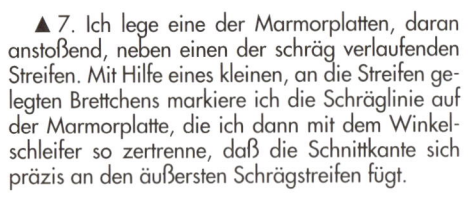

▲ 7. Ich lege eine der Marmorplatten, daran anstoßend, neben einen der schräg verlaufenden Streifen. Mit Hilfe eines kleinen, an die Streifen gelegten Brettchens markiere ich die Schräglinie auf der Marmorplatte, die ich dann mit dem Winkelschleifer so zertrenne, daß die Schnittkante sich präzis an den äußersten Schrägstreifen fügt.

▶ 8. Unter Zuhilfenahme eines Maßstabs richte ich die zugeschnittene Marmorplatte exakt aus.

▲ 9. Hier zertrenne ich mit dem Winkelschleifer eine kleine Platte aus schwarzem Marmor. Beachten Sie, wie ich den schrägen Schnitt ansetze, und auch, wie ich die Marmorplatte auf dem Arbeitstisch festgeklemmt habe.

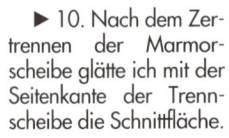

▶ 10. Nach dem Zertrennen der Marmorscheibe glätte ich mit der Seitenkante der Trennscheibe die Schnittfläche.

◄▼ 11./12. Da ich das Gerät schon einmal zur Hand habe, schneide ich damit gleich noch ein paar Streifen zu. Da sie länger sind, müssen sie besonders gut festgeklemmt werden, und zwar mit zwei Zwingen und zwischen zwei Holzleisten, welche die Vibrationen des Schleifers auffangen. Ich trenne zunächst an einer Seite gerade Stücke ab und dann an der anderen schräge.

◄ 13. Ausschnitt des Wandbilds mit den kleinen Stückchen am unteren Rand und den Schrägstreifen. Die vorliegende Arbeit erfordert besondere Sorgfalt, weil die jeweils aufeinander folgenden Schrägstreifen und waagrechten Streifen unten exakt parallel ausgerichtet sein müssen.

► 14. Mit der Kneifzange knipse ich schräg ein kleines Stück von einem Plättchen ab, damit es sauber an der Kante eines der Schrägstreifen anliegt.

85

▲ 15. Mit dem Hammer zertrenne ich auf dem Umschlageisen einen Gesteinsstreifen in Tesserae. Grundsätzlich empfiehlt es sich bei diesem Wandbild, die Einzelteile erst einmal insgesamt aufzulegen und erst zum Schluß anzukleben. Die Einzelteile schneide ich mir fortlaufend mit voranschreitendem Füllen der Fläche zu, das Ankleben stelle ich zurück. Gute Arbeitsorganisation ist eine wichtige Voraussetzung für zügige Fertigstellung.

▲ 16. Blick auf die Faserzementplatte während des Zusammensetzens. Unerwünschte Überschüsse des Epoxidklebers lassen sich nur entweder unmittelbar nach dem Auftragen mit Alkohol entfernen oder ziemlich genau eine Stunde später, wenn er fest geworden ist, mit der Klinge eines Cutters. Ist der Katalisationseffekt des Härters erst einmal voll wirksam geworden, ist ein Entfernen unmöglich, und jeder Versuch dazu würde zu Beschädigungen der Trägerfläche oder des aufgeklebten Teils führen.

◀ 17. Hier bereite ich gerade das Abtrennen von zwei Streifen von einer Marmorplatte vor, indem ich die Schnittlinien mit Hilfe des Winkelmaßes mit einem Filzstift markiere. Anschließend werde ich mit dem Winkelschleifer diese Streifen absägen und jeden davon mit einem schrägen Schnitt zerteilen. Die so gewonnenen Stücke brauche ich dann zum Einsetzen zwischen die schräg aufeinander zulaufenden Streifen.

◀▲ 18./19. Das weiter fortgeschrittene Wandbild, bei dessen Gestaltung ich gleichermaßen gewöhnliche Brechzangen wie sogenannte „japanische Zangen" einsetze, je nach Dicke der Streifen oder Platten. Schleifsteine sind nützlich für Glätten von Marmor oder Steinzeug, Granit ist zu hart dafür.

▶ 20. Jetzt fehlen nur noch die Streifen und Plättchen in der rechten oberen Ecke.

▼ 21. Das fertige Wandbild – beachten Sie, daß ich nachträglich zugunsten größerer Ausgewogenheit die Schrägstreifen rechts unten verlängert habe. Vielleicht entdecken Sie auch die weiteren kleinen Veränderungen, die ich gegenüber dem ursprünglichen Entwurf noch vorgenommen habe.

Chavarria: *Lebensweg* (Via vitae). 1996, Marmor, Travertin, Granit und Steinzeugplättchen; 100 x 70 x 4 cm.

Kiesel-Bodenplatte, gefertigt nach der indirekt-positiven Methode

Kieselsteine waren wohl das früheste Material, das für Bodenbeläge verwendet wurde. Daher fand ich es interessant, hier einmal die Anfertigung einer Platte für einen Bodenbelag aus diesem reichlich vorkommenden Naturmaterial zu zeigen.

Ich bediene mich dafür der indirekt-positiven Methode für das Zusammensetzen, auch wenn gleichermaßen das direkte Zusammensetzen in Frage käme. In letzterem Fall müßte man den vorgesehenen Rahmen mit Mörtel füllen und die Kiesel in diesen einsetzen, solange er noch feucht ist.

Ich bin jedoch überzeugt davon, daß die von mir gewählte Technik und das Vorgehen, wie es nachstehend geschildert ist, sich als bequem und einfach erweisen wird. Wenn Sie sich an meine Ausführungen und Ratschläge halten, sollten sich dabei keine besonderen Schwierigkeiten ergeben.

Bei der Zubereitung des wasserlöslichen Leims sollten sie sich an die Empfehlungen des Herstellers halten, beim Anrühren des Mörtels an die schon weiter vorn dazu gegebenen Hinweise.

Nach der Fertigstellung muß man diese Bodenplatte etwa 72 Stunden lang unter wiederholtem leichten Befeuchten allmählich trocknen lassen, ehe sie ihrer weiteren Verwendung zugeführt wird.

▲ 1. Das Stilleben mit Grundmaterial, Zubehör und Werkzeugen für die Anfertigung dieser Bodenplatte zeigt die Mischwanne mit Sand und Zement, Kelle und Spitzkelle, die Kiesel, Tarlatan und Drahtgitternetz, den Holzrahmen, Kneifzange, Stichel und Drahtbürste und schließlich Gummihandschuhe.

▼ 2. Ich habe für den Rahmen eine Melaminharz-Preßspanplatte verwendet, aber man kann jedes gewöhnliche Holz dafür verwenden, sofern man es durch Überkleben mit Plastikklebeband wasserabweisend gemacht hat.

▼ 3. Ich setze den Holzrahmen auf ein mit Plastikfolie bedecktes Brett und fülle ihn mit Sand.

► 4. Mit einem Kantholz drücke ich den Sand fest und streiche ihn glatt.

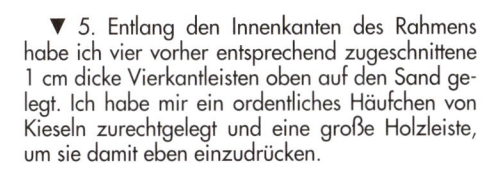

▼ 5. Entlang den Innenkanten des Rahmens habe ich vier vorher entsprechend zugeschnittene 1 cm dicke Vierkantleisten oben auf den Sand gelegt. Ich habe mir ein ordentliches Häufchen von Kieseln zurechtgelegt und eine große Holzleiste, um sie damit eben einzudrücken.

▼ 6. Ich setze zunächst die größeren, länglichen Kiesel so an einer Seite in eine Reihe, daß sie mit ihrer Kopfseite oben an die Vierkantleiste stoßen.

▼ 7. Ich überprüfe mit der großen Holzleiste, die ich beidseits auf den Rahmen setze, ob die Kiesel gleichmäßige und richtige Höhe haben.

► 8. Nachdem ich eine weitere Kieselreihe senkrecht zur ersten gelegt habe, sorge ich durch Hammerschläge auf die Holzleiste für gleichmäßig ausgerichtete Oberkanten.

▲ 9. Ich habe mir aus Karton Schablonen ausgeschnitten, um mir das Anordnen der Kiesel zu erleichtern.

▲ 10. Unter Aussparung der von der Schablone bedeckten Fläche ordne ich flache, runde Kiesel in einem Viertelkreis an und lege dann zwei weitere Schablonen hinzu.

▶ 11. Einen weiteren Viertelkreis setze ich zusammen aus kleineren, mit ihrer schmaleren Seitenfläche nach oben weisenden Kieseln.

▼ 12. Aus wiederum flachrunden, aber etwas kleineren Kieseln forme ich nun einen innersten Viertelkreis; dann setze ich kleine Kiesel hochkant längs der verbliebenen Innenkanten der Vierkantleisten und auf eine Winkelhalbierende, die von der Ecke aus schräg zur gegenüberliegenden Ecke des Rahmens weist.

▼ 13. Den verbleibenden Raum in der Ecke fülle ich mit kleinen Kieseln, die ich auf gleiche Höhe wie die übrigen bringe.

◀ 14. Nachdem ich auch die noch freien Flächen fast völlig mit Kieseln besetzt habe, überprüfe ich mit meiner Holzleiste als „Richtscheit", ob diese auch in der Diagonale auf gleicher Höhe sitzen.

▲ 15. Nun ist der Rahmen ganz mit Kieseln gefüllt, und sie sitzen alle auf gleicher Höhe fest im Sand.

◀ 16. Ich schneide sodann mit der Schere Streifen aus Tarlatan und messe über den Kieseln deren richtige Länge ab.

▶ 17. Inzwischen habe ich mit heißem Wasser wasserlöslichen Leim angerührt (12,5 g Leimpulver auf 1 l Wasser); diesen trage ich mit einem Pinsel so auf, daß er durch die Maschen des Gewebes gut zwischen die Kiesel eindringt.

▶ 18. Ich lege weitere Tarlatanstreifen quer über die ersten, damit diese Trägerschicht fester und widerstandsfähiger wird, und bestreiche sie mit dem Leim. Wegen der Schwere der Kiesel habe ich bei dieser Arbeit drei Schichten von Tarlatan übereinandergelegt.

91

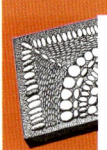

▲ 19. Die Tarlatanschicht über den Kieseln nach dem Trocknen.

▲ 20. Ich entferne erst die Vierkantleistchen und dann den Holzrahmen.

▶▼ 21./22. Vorsichtig hebe ich die Tarlatanschicht mit den daran klebenden Kieseln an; bei ordentlicher Arbeit sollten alle Kiesel gut anhaften. Ich ziehe die Kieselplatte hoch und kehre sie um.

▼ 23. Das Entfernen des Sandes beginne ich mit Kelle und Spitzkelle.

◄ 24. Aus den Kieselzwischenräumen entferne ich den Sand mit einem Stichel und einem feinen Pinsel; außerdem benutze ich dazu einen Gummiball mit einer Spitztülle, mit dem ich Sand wegpuste.

▲ 25. Nun sind die fest am Tarlatan haftenden Kiesel völlig vom Sand gesäubert.

▼ 26. Die nicht mit Melaminharz beschichteten Kanten des Rahmens beklebe ich, um sie wasserdicht zu machen, mit Plastikklebestreifen.

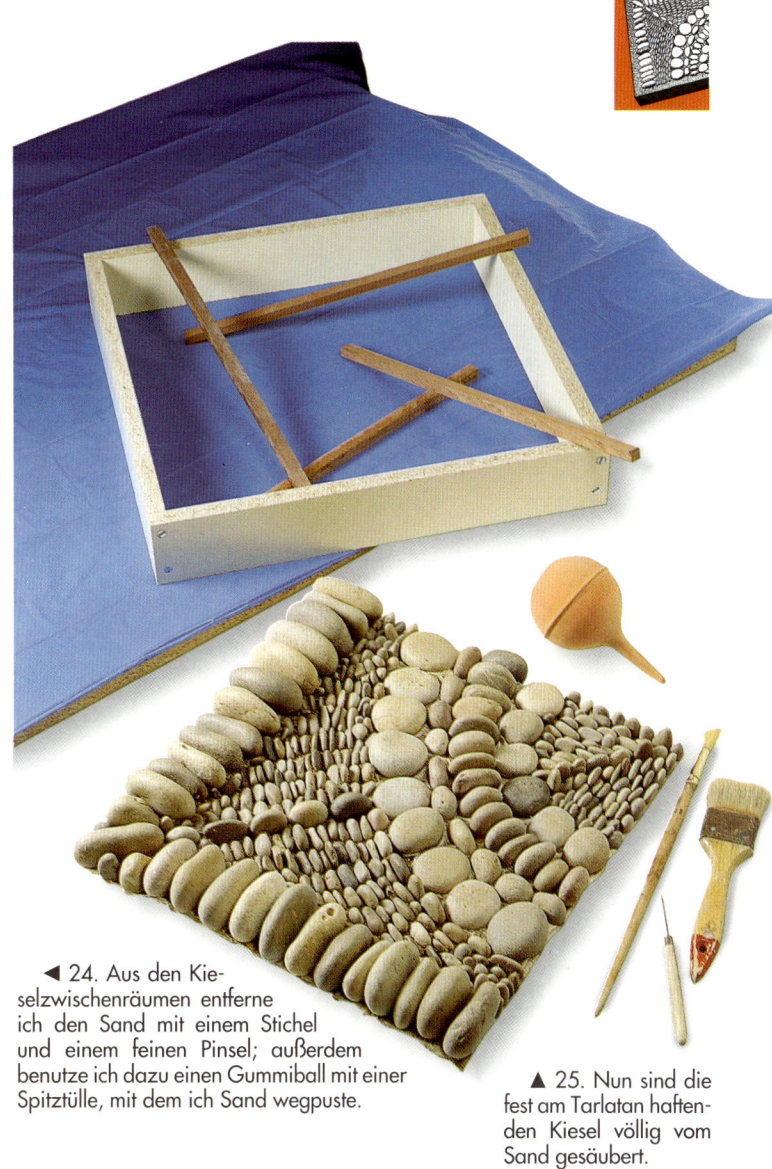

▼ 27. Ich decke ein Brett gut mit Plastikfolie ab und setze darauf den Rahmen und in diesen die Kieselplatte; zwischen diese und den Rahmen lege ich wieder die schon vorher verwendeten Vierkantleistchen. Sie und die Innenseite des Rahmens bepinsle ich mit flüssiger Seife, damit sich später der Mörtel besser ablöst.

▲ 28. In der Mischwanne vermenge ich drei Teile Sand (wobei ich jenen verwende, der mir schon vorher beim Zusammensetzen des Kieselmosaiks nützlich war) mit einem Teil Zement und rühre mit Wasser an.

▲ 29. Der Mörtel muß so dünnflüssig sein, daß er gut in die Zwischenräume zwischen den Kieseln eindringt; ich bedecke diese ganz mit einer Mörtelschicht.

◀ 30. Ich lege das Drahtgitter auf den Rahmen, um die erforderlichen Abmessungen zu bestimmen, und knipse überstehende Teile mit der Kneifzange ab.

◀ 31. Da die schwersten Kiesel außen in der Form eines rechten Winkels liegen, schneide ich das Drahtgitter in entsprechende Form und kann es daher in zwei Ebenen verlegen, was insgesamt zu einer Verstärkung führt.

▲ 32. Mit der Kelle drücke ich den Mörtel fest zwischen die freien Räume im Drahtgitter und fülle mit diesem schließlich den ganzen Rahmen aus.

◀ 33. Nachdem der Mörtel etwas angetrocknet ist, ritze ich ihn mit einer Kante der Spitzkelle gitterförmig ein.

▲ 34. Mit einem Wassersprüher befeuchte ich die Oberfläche. Je besser der Mörtel befeuchtet wird, desto besser bindet er ab.

◀ 35. Ich decke die Oberfläche der Betonplatte mit einem feuchten Lappen ab und lege darauf noch ein Stück Plastikfolie, damit die Feuchtigkeit nicht entweichen kann.

◀ 36. Nach drei Tagen, in denen ich immer wieder den Lappen befeuchtet habe, nehme ich die Abdeckung weg und kehre die Platte um.

► 37. Ich entferne mit einem Schraubenzieher die Schrauben, welche den Holzrahmen zusammenhielten; weil er vorher mit Seife eingepinselt wurde, löst er sich leicht. Auch die Vierkantleistchen nehme ich ab.

▲► 38./39. Mit einem schmalen Meißel oder einem Spachtel entferne ich den Mörtel, der in die Ritzen eingedrungen ist. Nötigenfalls arbeite ich mit einer Drahtbürste nach.

◄ 40. Die Kieselplatte ist fertiggestellt.

▲ 41. Teil eines Bodenbelags aus vier der obigen Kieselplatten

Chavarria: *Lapilli.* 1996, Kiesel, 40 x 40 x 6 cm.

Büste, gefertigt in indirekt-negativer Technik

Zur Anfertigung dieses Mosaiks aus Glasfluß-Tesserae oder „Smalten" bediene ich mich für das Zusammensetzen der indirekt-negativen oder Umkehr-Methode. Auch die direkte Methode wäre anwendbar, sofern wir uns die geeignete Trägerfläche dafür aussuchen oder herstellen; entscheidend ist der geplante Aufstellungsplatz.

Während des Zusammensetzens dieses Mosaiks arbeite ich bei der hier gewählten Technik immer mit einer Umkehrung meines Grundentwurfs. Bei diesem beschränke ich mich auf die Einzeichnung der Hauptumrisse und verzichte bewußt auf die Festlegung von Details. Denn ich halte es für wichtig, daß bei Entwurf und Ausführung eines jeden Projekts ein Freiraum bleiben sollte für ganz persönliche und aus dem Augenblick geborene Einfälle des jeweiligen Mosaikkünstlers.

◀ 1. Als erstes brauche ich eine Vorzeichnung in der Originalgröße des Mosaiks, Kraftpapier, Kohlepapier, Gewichte zum Beschweren, ein Lineal und einen harten Bleistift.

▼ 3. Auf dem Kraftpapier erscheint nach dem Durchpausen die Vorzeichnung seitenverkehrt, also als Spiegelbild oder Umkehrung.

▼ 2. Zuunterst lege ich Kohlepapier mit der beschichteten Seite nach oben, darauf das Kraftpapier mit der satinierten Seite nach unten und obenauf die Vorzeichnung. Ich beschwere die Blätter mit den Gewichten und pause mit einem harten Bleistift die Linien durch.

▶ 4. Der Kraftpapierbogen mit der Umkehrung der Vorzeichnung und einige der Materialien und Werkzeuge, die ich für das geplante Mosaik brauchen werde.

◄ 5. Auf eine kleine Elektrokochplatte setze ich einen Topf mit Wasser und in diesen ein Gefäß, um darin unter ständigem Rühren im Wasserbad den hier als Bindemittel dienenden Hautleim – im Plastikbeutel im Vordergrund – zu verflüssigen. Nur behutsam und wenn nötig fügen wir dem Leim heißes Wasser hinzu, bis ein klebriges Gemisch entstanden ist, das wir dann auf die Mosaiksteinchen auftragen, um sie damit auf der Papierunterlage festzukleben.

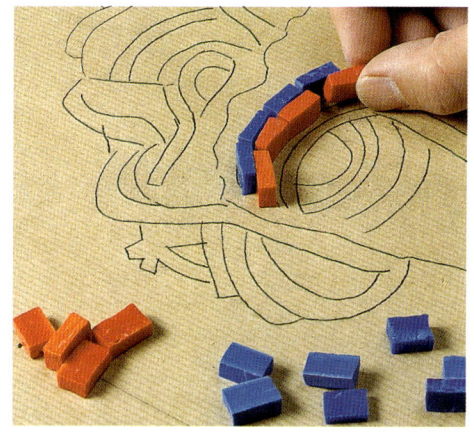

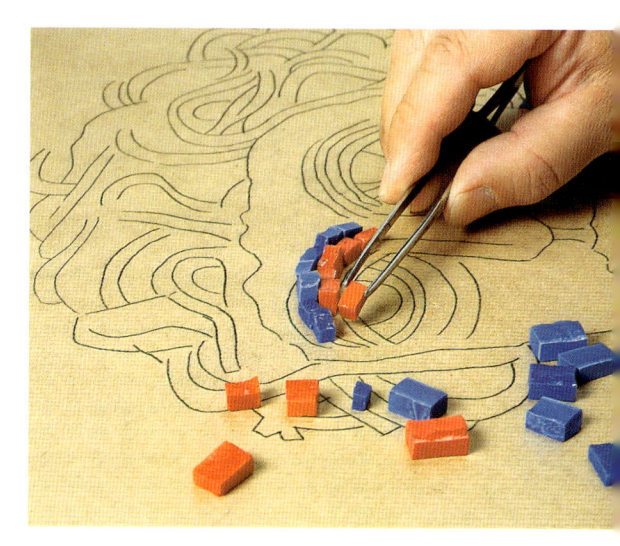

◄▲ 6./7. Zunächst lege ich, ohne sie schon anzukleben, die Glasflußstückchen an den entsprechenden Stellen auf das Papier, wobei ich mich auch einer Pinzette bediene. Wie man sieht, habe ich mit den Augen und Augenbrauen begonnen.

► 8. Mit der „japanischen Zange" schneide ich die gerade benötigten Tesserae genauer zu (hier die für Augen und Brauen) und lege sie den Umrissen gemäß auf.

▼ 10. Inzwischen ist ein Auge mit Braue und Augenlid zusammengesetzt; hier füge ich gerade mit der Pinzette ein dreieckig zugeschnittenes Teilchen hinzu.

◄ 9. Mit dem Pinsel streiche ich hier die Klebemasse auf die Rückseite eines Mosaiksteinchens auf; sie muß beständig warmgehalten und immer wieder umgerührt werden, damit sie nicht fest wird.

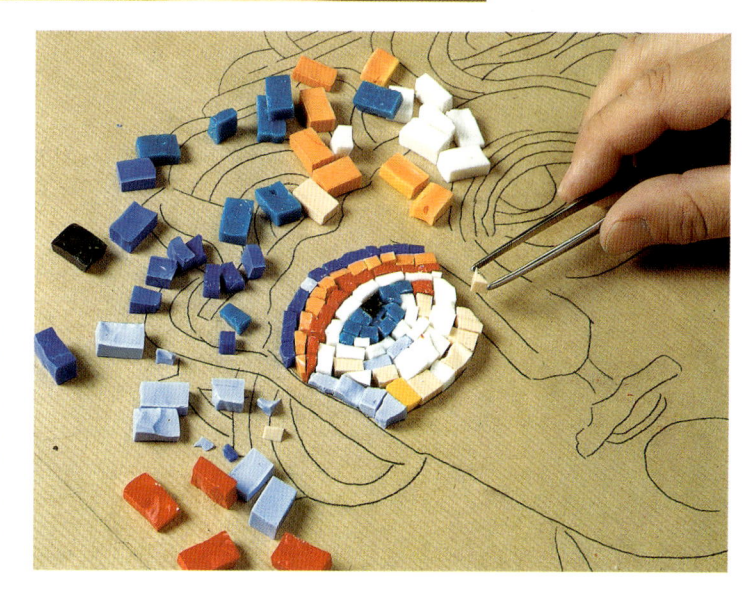

99

▲ 11. Jetzt ist auch die Nase fertig; ich klebe die Steinchen aber immer erst dann an, wenn ich mit der Komposition des betreffenden Teilbereichs zufrieden bin.

▶ 13. Inzwischen bin ich beim Zusammensetzen der Stirnpartie und benutze dazu nicht nur die Pinzette, sondern auch einen feinen Stichel, um die kleinen Teilchen gut aneinanderzurücken.

▼ 14. Das Mosaik wächst zusehends; allmählich habe ich fast die Hälfte des Gesichts fertig.

▲ 12. Nun ist auch das zweite Auge zusammengefügt.

▼ 15. Bei der Mundpartie beginne ich mit den Lippen und fahre dann mit dem Kinn fort.

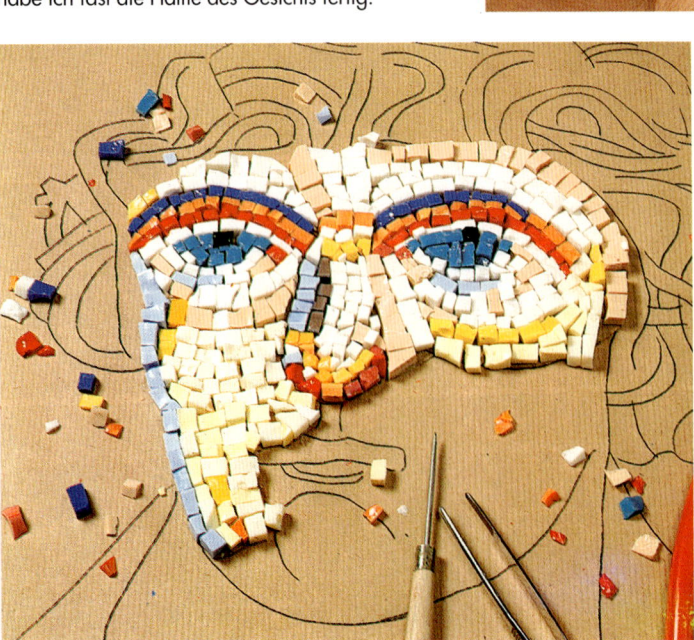

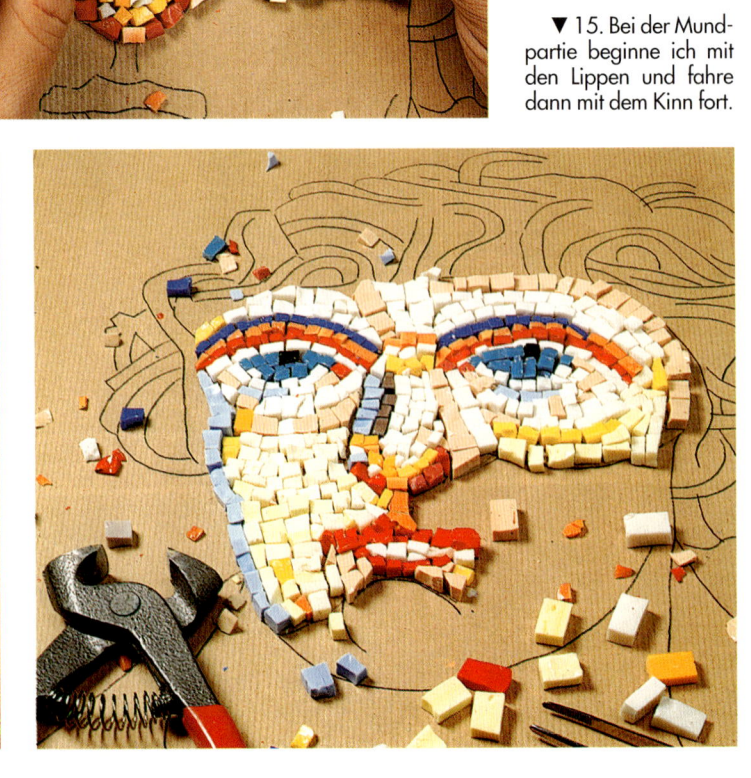

100

▲ 16. Das Gesicht als solches ist nun fertig zusammengesetzt.

▶ 18. Ich fülle die Fläche des Halses aus, bis sie völlig bedeckt ist. Die Steinchen zwischen den Lippen habe ich übrigens inzwischen gegen kleinere ausgetauscht. Derartige Änderungen können Sie vornehmen, solange der Klebstoff noch nicht getrocknet ist.

▼ 19. Nunmehr ist auch ein Teil der Haare fertig; auch hier habe ich wieder erst den Umriß aufgelegt und dann die Innenfläche ausgefüllt.

▲ 17. Ich lege als nächstes die Tesserae für die Umrißlinie des Halses auf; wie Sie sehen, ist nur diese Linie selbst auf der Vorzeichnung markiert.

▼ 20. Der fertige Kopf, daneben übriggebliebene Tesserae; räumen Sie diese oder auch Reststücke davon noch nicht weg, denn sie könnten noch für das Ausfüllen von Zwischenräumen benötigt werden.

101

▼ 21. Für den nun hinzugekommenen unteren Teil des Mosaiks habe ich nur ganze Steinchen verwendet, ausgenommen einige wenige, die ich für die Gestaltung der Schultern dreieckig oder trapezförmig zugeschnitten habe. Ehe ich an den nächsten Arbeitsschritt gehe, lasse ich das geklebte Mosaik gut trocknen.

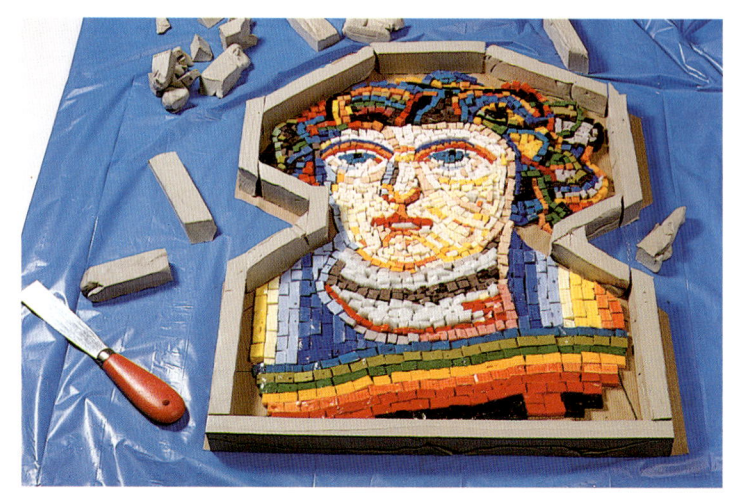

▲ 22. Dann setze ich es auf eine Plastikfolie und umgebe es rahmenartig mit 2 cm breiten, 3 cm hohen Streifen aus Ton; diese könnten auch aus Knetmasse gefertigt werden. Beim Anlegen des Rahmens ist zu berücksichtigen, daß die Fläche, die er umgibt, mit Mörtel ausgefüllt werden soll.

◄ 23. Ich rühre Gips an, dem ich etwas Ocker zugemischt habe, um ihn von der später eingefüllten weißen Mörtelmasse zu unterscheiden, und häufe ihn als dicke Packung mit Hilfe eines Spachtels außen um den Rahmen an. Für diese Arbeit empfiehlt sich die Benutzung von Gummihandschuhen.

▲ 24. Ehe die Gipsmasse trocken wird, drücke ich sie gut bis zu dessen Oberkante an den Rahmen an und streiche sie dort glatt.

▶ 25. Wenn die Gipsmasse abgebunden und ausgekühlt hat, entferne ich die Tonstreifen und achte sorgsam darauf, dabei weder das Mosaik noch die Gipsumrandung zu beschädigen. Längs der Innenkanten dieser Gipsumrahmung und an deren oberem Rand pinsle ich flüssige Seife auf, um die Verbindung mit dem Mörtel zu verhindern, der anschließend eingefüllt wird. Bei diesem Bepinseln sollte der Gips noch etwas feucht sein.

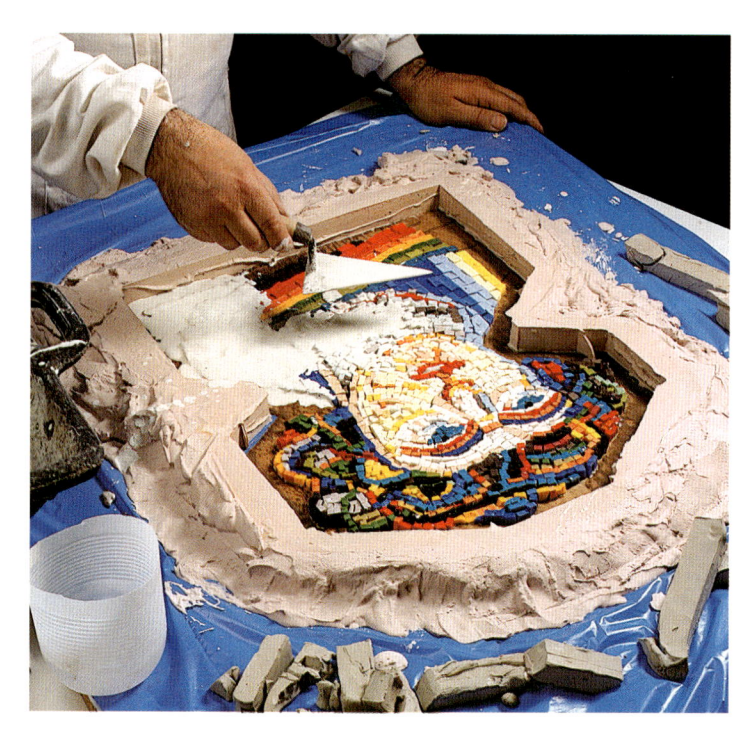

▲ 26. Ich rühre Weißzement so dünnflüssig an, daß er gut in die kleinen Spalten zwischen den Mosaiksteinchen eindringen und diese fest miteinander verbinden kann; für diese Arbeit benutze ich die Spitzkelle.

▶ 27. Mit einem Pinsel sorge ich dafür, daß die Zementmasse gut in die Fugen zwischen den Tesserae dringt; dann bedecke ich das ganze Mosaik mit dem Zement.

▼ 28. Auf diese Zementschicht lege ich nun ein entsprechend zugeschnittenes Drahtgitter als „Armierung".

▼ 29. Als nächstes rühre ich Mörtel an aus einem Teil Weißzement und drei Teilen zermahlenen Marmors sowie Wasser. Damit fülle ich den innerhalb des Rahmens verbliebenen Raum völlig aus. Durch wiederholte Stöße gegen den Tisch oder vorsichtiges Rütteln sorge ich dafür, daß die Masse sich ordentlich setzt, sich gut mit der darunterliegenden Schicht verbindet und Luft entweichen kann.

◄ 30. Anschließend lasse ich das Mosaik ein paar Stunden lang trocknen, bis sich die Mörtelschicht beim Berühren fest anfühlt. Dann bedecke ich sie mit einem feuchten Tuch und zusätzlich einer Plastikfolie, um zu schnelles Austrocknen zu verhindern.

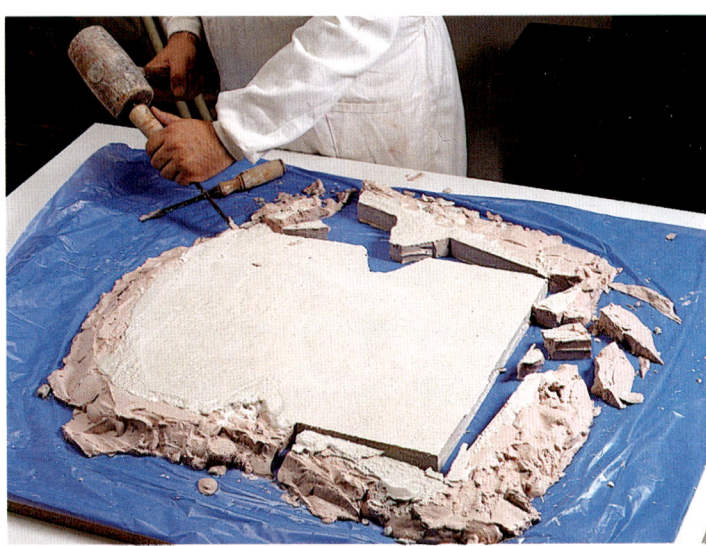

▲ 31. Erst nach 72 Stunden nehme ich Plastikfolie und Tuch ab und schlage, was keine besondere Mühe bereitet, mit Stemmeisen und Holzschlägel die Gipsumrandung weg.

◄ 32. Ich kehre das Mosaik um, und durch das Papier hindurch lassen sich dessen Umrisse und Farben schon deutlich erkennen.

◄ 33. Ich lege das Mosaik auf eine melaminbeschichtete Holzplatte und kann mühelos das Papier abziehen, weil sich der Klebstoff durch die Feuchtigkeit des Zements weitestgehend aufgelöst hat. Die Streifen auf der Zementoberfläche sind durch Falten im Papier bedingt; wenn diese Sie stören, müssen Sie vor dem Einfüllen der Zementschicht das überstehende Papier wegschneiden.

► 34. Mit Wasser und einem Schwamm säubere ich das Mosaik sorgfältig von Leimresten. Den Stichel benutze ich zum Nachbearbeiten der Fugen und zum Entfernen eventueller Zementreste.

◀ 35. Das Mosaik ist fertiggestellt, und man muß nun nur noch den Mörtel vollends durchtrocknen lassen.

Chavarria: *Büste.* 1997, Mosaiksteinchen aus Glasmasse, 48 x 37 x 3 cm.

▶ 36. Eine Variante besteht im Auftragen von Walnußfirnis und/oder einer sonstigen tönenden Flüssigkeit auf das Mosaik, solange der Zement noch feucht ist. Diese Grundierung dringt in die Fugen ein und tönt den Zement; von den Mosaiksteinchen selbst kann man sie nach kurzem Trocknen mit Wasser und einer Bürste wieder entfernen, und deren Färbung verändert sich nicht.

Relief, gefertigt in der indirekt-positiven Technik

Mosaiken in der Form von Reliefs sind eher ungewöhnlich, weil man die Vorstellung von einem Mosaik zumeist mit einer ebenen Fläche verbindet; das sollte uns aber nicht daran hindern, hier auch einmal ein Mosaik in Reliefform zu gestalten. Grundvorgabe ist dabei die Anfertigung eines Reliefs, in dessen Vertiefungen wir Mosaikteilchen einfügen, die dann farblich kontrastieren zu den von ihnen nicht bedeckten Erhebungen.

Für dieses Projekt hat die Anfertigung des Modells gleichen Rang wie die des davon abgenommenen Models, der Abformung hiervon, mit der wir dann fortan arbeiten.

Unser Arbeitsablauf dabei ist Modellieren, Einlegen der Tesserae, Anfertigung des Abgusses und dann weitere Bearbeitung. Verbreiteter ist eine andere Reihenfolge, die einfacher erscheinen mag: Modellieren, Anfertigung des Abgusses und dann erst Einfügen der Tesserae. „Richtig" sind beide Methoden, und Sie müssen sich lediglich für jene entscheiden, die Ihnen persönlich besser zu liegen scheint.

▲ 1. Stilleben mit dem eisenhaltigen Modellierton, einem Pinsel, Spachteln, Modellierschlinge und weiteren Modellierwerkzeugen, einem Stichel, einem Messer, Zangen, 2 cm starken Holzleisten, Winkelmaß und Tonabschneider (Trennschlinge).

▲ Mit Farbstiften gefertigter Entwurf für das Wandrelief.

▼ 3. Aus ihnen setze ich die Grundfläche für mein Relief zusammen.

▲ 2. Ich lege die Holzleisten beidseits neben den Tonquader und zertrenne ihn mit dem Tonabschneider (Abschneidedraht) in 2 cm dicke Scheiben.

◄ 4. Aus unterschiedlich dicken Tonplatten forme ich von Hand oder unter Zuhilfenahme von Winkelmaß (Anschlagwinkel) und Spachtel kleine Reliefstücke, die ich auf die Grundfläche aufsetze.

▼ 5. Das Relief ist weitgehend gestaltet; ich habe Vertiefungen gelassen, um in diese Mosaikteile einzusetzen.

◄ 6. Mit der Kopfseite einer Holzleiste drücke ich Vertiefungen in den Ton zur Aufnahme weiterer Tesserae.

▼ 7. Das Relief ist jetzt fertig zum Einfügen der Mosaikteile. Da es aus Ton ist, muß es mit einem Zerstäuber stets feucht gehalten werden, damit es nicht trocknet und schrumpft, womit die vorgesehenen Einlagestücke nicht mehr passen würden.

▲ 8. Diese rote Fliese soll als Belag dienen und zerteilt werden. Dafür markiere ich zunächst mit dem Filzstift unter Zuhilfenahme des Winkelmaßes eine Trennlinie.

▶ 9. Mit dem Fliesenschneider ritze ich sodann diese Linie ein.

▲ 10. Mit dem Fliesenbrecher zertrenne ich die Fliese; im Hintergrund das schon zu einem Teil belegte Relief.

▶ 11. Hier nun das schon etwa zur Hälfte mit Fliesenstücken bedeckte Relief.

◀ 12. Mit der Kneifzange schneide ich ein Teilstück so zu, daß es genau in den dafür vorgesehenen Raum paßt.

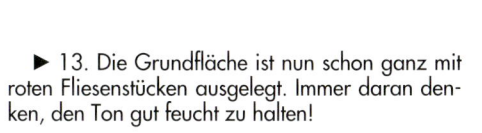

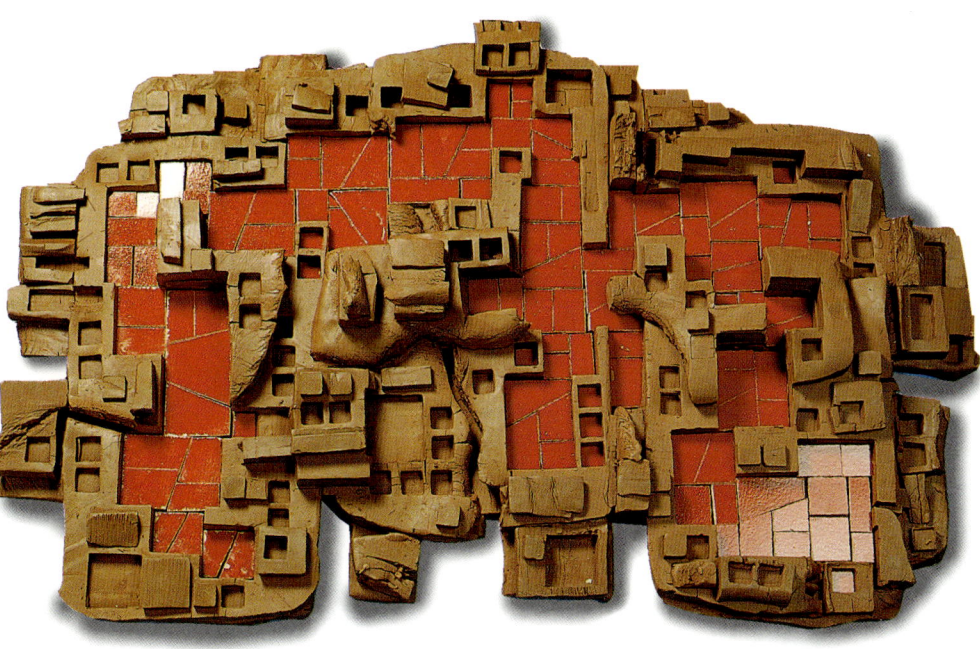

▶ 13. Die Grundfläche ist nun schon ganz mit roten Fliesenstücken ausgelegt. Immer daran denken, den Ton gut feucht zu halten!

▼ 14. Inzwischen habe ich die andersfarbigen Tesserae zugeschnitten und sie rings um das Relief in der Nähe der dafür vorgesehenen Plätze ausgelegt.

▶ 15. Beim Zusammensetzen eines weiteren Teilbereichs; beachten Sie, wie genau sich die Stücke einfügen.

109

▶ 16. Das Relief ist fertig zur weiteren Behandlung mit wasserlöslichem Leim und Papier.

▼ 17. Ich bepinsle kleine Flächen mit Leim und lege Papierstreifen darauf.

▲ 18. Das Papier muß fest auf die mit Leim bestrichene Fläche gedrückt werden, damit es gut haftet und es nicht zur Bildung von Luftblasen kommt, die ein Ablösen der Tesserae bewirken könnten.

◀ 19. Nun sind alle Mosaikstückchen mit Papier bedeckt, und zwar in zwei Schichten zwecks besserer Haltbarkeit.

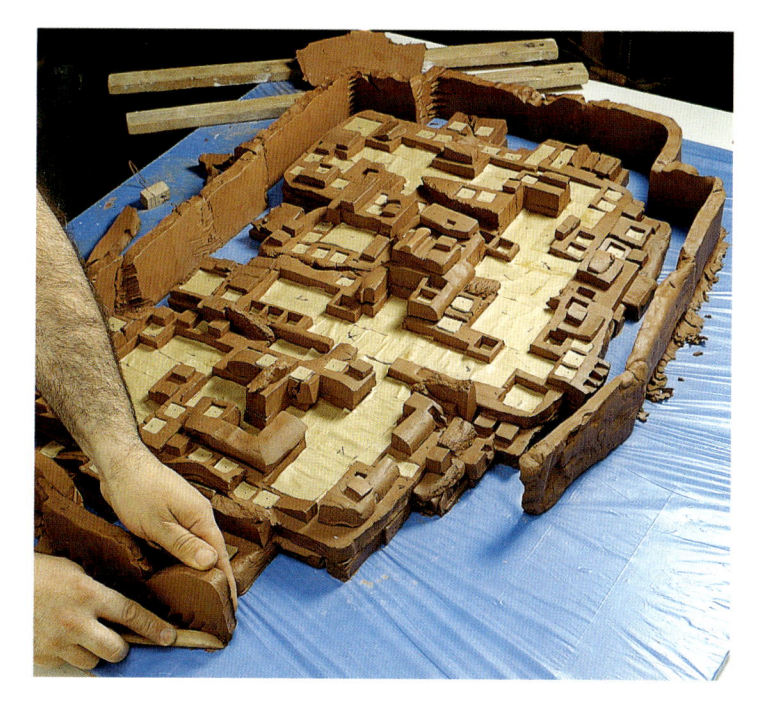

▲ 20. Als nächstes baue ich, einen Abstand von 3 cm lassend, um das Relief einen Rahmen aus 1 cm starken und 5 cm hohen Tonstreifen.

▶ 21. Ich habe einen Gipsbrei angerührt und gieße eine erste, farbig getönte Schicht (siehe dazu Seite 122) in die Vertiefungen des Reliefs.

▼ 22. Dann bedecke ich den Rest des Reliefs völlig mit nun weißem Gipsbrei.

▲ 23. Wegen der Breite des Reliefs habe ich zur Verstärkung vier Holzleisten in den Gipsabguß eingefügt.

▶ 24. Am umgewendeten Gipsabguß kann man gut die völlig aus Gips bestehenden Randzonen erkennen.

▲ 25. Beim Entfernen des Tons beginne ich mit den Platten der Grundfläche; diese lassen sich gut abrollen, doch muß man sorgsam darauf achten, daß man keine Fliesenstückchen dabei ablöst.

▶ 26. Mit der Modellierschlinge beseitige ich den Ton zwischen den Fliesenstückchen. Das erfordert viel Sorgfalt, um ein Verschieben der Tesserae zu vermeiden, wofür die einzeln verlegten besonders anfällig sind.

▼ 27. Mit einer feineren Modellierschlinge hole ich den restlichen Ton aus den am tiefsten gelegenen Stellen heraus.

▲ 28. Wenn der Ton völlig entfernt und der Gipsabguß sauber ist, befeuchte ich ihn mit einem Zerstäuber und bepinsle den Gips (aber nur diesen: an den Mosaikstückchen soll ja der Mörtel gut haften!) mit flüssiger Seife.

◄ 29. Dann gieße ich Mörtel zunächst in die tiefen Partien ein. Ich rühre ihn mit einem Stäbchen um, damit Luft entweichen kann und er sich gut setzt.

▼ 30. Ich bereite in der Mischwanne weiteren Mörtelbrei und mische ihn mit einer Kelle kräftig durch.

▼ 31. Ich fülle damit die Gipsform weiter auf.

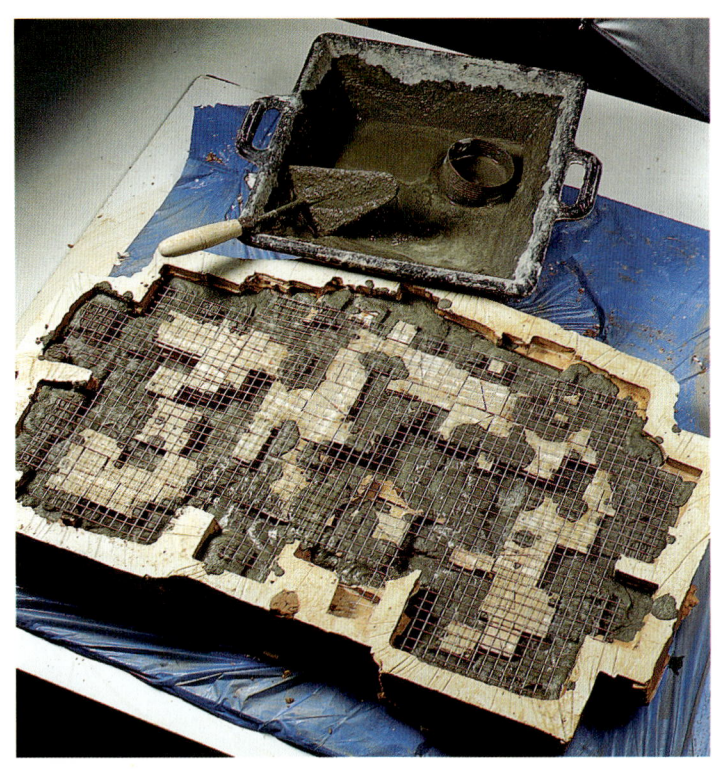

▲ 32. Ich lege ein als Armierung dienendes Drahtgitternetz in die Form; ich habe es vorher präzise so zugeschnitten, daß allseits ein Abstand von 1 cm zum Rand des Models verbleibt.

▲ 33. Ich bedecke das Drahtgitter mit einer weiteren Mörtelschicht bis zur Oberkante des Gipsabgusses.

◄ 34. Mit einem Plastiklineal streiche ich die Oberfläche der Mörtelschicht glatt.

▲ 35. Der Mörtel darf nur allmählich trocknen; daher decke ich ihn mit einem feuchten Tuch und einer Plastikfolie ab.

▲ 36. Der Mörtel muß mindestens 72 Stunden lang trocknen. Dann beginne ich damit, mit Meißel und Holzschlägel den Gips von der Vorderseite zu entfernen.

▶ 37. Allmählich zeigt sich das fertige Relief.

▼ **Chavarria:** *Archäologie* (Arqueologia). 1996, Mosaikplättchen aus Keramikfliesen und armierter Beton; 82,5 x 50,5 x 8 cm.

Skulptur, gefertigt in der indirekt-negativen Technik

Das folgende Projekt ist gewissermaßen eine Weiterentwicklung des soeben gezeigten mit einem etwas erhöhten Schwierigkeitsgrad.

Denn das Relief ist hier ausgeprägter, und vor allem ist die gesamte Oberfläche mit Mosaikplättchen belegt. Andererseits wird der Arbeitsaufwand dadurch vermindert, daß dieser Belag aus industriell gefertigten, auf Normbogen gelieferten Mosaikplättchen besteht und weitgehend bogenweise aufgebracht werden kann.

Grundidee ist die Wiedergabe der bewegten Meeresoberfläche, in der sich der Mond spiegelt. Als Trägerfläche für das Mosaik habe ich daher eine wellenförmig in leichter Schrägung angelegte Form als Andeutung der Meereswogen gestaltet.

▼ Skizzen und Entwurf für dieses Projekt; Bleistift und Farbstifte.

▼ 1. Materialien und Werkzeuge für die Skulptur: Ton, blaue und weiße Mosaiksteinchen, Brechzange, Trennschlinge, Maßstab, Modelliereisen, Modellierschlinge, Stichel und Glasschneider.

▶ 2. Ich beginne damit, daß ich aus dem eisenhaltigen Ton ein „Wellental" forme; mit dem Spachtel glätte ich die Oberfläche.

▶ 3. Dann setze ich einen auf gleiche Weise geformten „Wellenberg" an.

▶ 4. Ich fahre mit der Gestaltung durch Anstückeln weiteren Tons fort.

▼ 5. Ich lege auf den modellierten Teil zwei Bogen mit Mosaikplättchen auf, um den gewünschten Schrägverlauf festzulegen.

▼ 6. Nachdem ich die Begrenzungslinie der Plättchenbogen auf der Tonoberfläche markiert habe, füge ich weiteren Ton durch Anpressen kleiner Stücke an.

▼ 7. Wenn die richtige Länge erreicht ist, setze ich unten an die Tonfläche ein 3 cm hohes Kantholz und schabe den überstehenden Ton mit einer Holzleiste weg, um eine gleichmäßig hohe Fläche zu erzielen.

117

◄ 8. Mit Hilfe einer weiteren Holzlatte und eines Spachtels trenne ich den Ton außerhalb der markierten Begrenzungslinien ab.

◄ 9. Nachdem ich auf diese Weise die endgültige Form zugeschnitten habe, bedecke ich sie mit einer Plastikfolie und lege die Plättchenbogen auf, um festzustellen, inwieweit Ergänzungen erforderlich sind. Ich füge die zusätzlich benötigten Plättchen einzeln an, nachdem ich sie erforderlichenfalls mit der Brechzange so zugeschnitten habe, daß sie genau dem Kantenverlauf entsprechen.

▼ 10. Zur Darstellung des Mondes schneide ich zunächst aus dünnem Karton eine Schablone aus und überprüfe die Wirkung.

▼ 11. Um die aufgelegte Scheibe schneide ich aus einem der Plättchenbogen ein Quadrat heraus.

▲ 12. Das herausgetrennte Quadrat und die eingelegte „Mondscheibe".

▲ 13. Ich bestreiche einen Bogen Kraftpapier mit Leim, um ihn unter den Plättchenbogen zu schieben und darauf die weißen Plättchen für den Mond und die blauen um dessen Rand aufzukleben.

◄ 14. Nun habe ich, noch trocken, die weißen Plättchen aufgelegt und auf den äußeren mit Filzstift die Linien aufgetragen, längs derer ich sie beschneiden muß. Durch Anlegen einer Holzleiste habe ich ein Verschieben nach außen vermieden.

▼ 15. Mit der Brechzange schneide ich zunächst die weißen Plättchen zu und dann auch die blauen.

▼ 16. Nun sind, noch trocken, auch die zugeschnittenen weißen und blauen Plättchen aufgelegt.

▲ 17. Ich bestreiche jetzt die Plättchen mit Leim und klebe sie fest. Wie man sieht, habe ich das Papier in Quadrate eingeteilt, um das präzise Einsetzen am jeweiligen Platz zu gewährleisten.

▲ 18. Wenn der Leim trocken ist, lege ich die Plättchenbogen auf.

◀ 19. Dabei weist die Unterseite der Plättchenbogen mit dem Papier als Trägerfläche nach oben.

▼ 21. Nun muß ich noch die erforderlichen Einzelplättchen der Randzone einsetzen.

▲ 20. Die Tonbasis mit den aufgelegten Plättchenbogen.

▲ 22. Zuschneiden und Einsetzen von Einzelplättchen am oberen Rand. Sie werden zunächst leicht in den Ton eingedrückt und dann mit leimgetränkten Papierstreifen überklebt.

▲ 23. Wenn die Gesamtoberfläche mit Mosaikplättchen abgedeckt ist, bestreiche ich sie mit Leim und drücke Streifen aus Kraftpapier auf; dann lasse ich das trocknen.

▶ 24. Anschließend decke ich die Form mit Plastikfolie ab und befestige diese mit Klebestreifen.

▶ 25. Aus beschichteten Spanplatten, die ich mit großen Zwingen zusammenklemme, baue ich einen Rahmen um die Tonbasis.

121

◄ 26. Die erste Schicht des Gipsbreis, den ich in den Rahmen fülle, habe ich eingefärbt, damit ich dann später beim Entfernen der erstarrten Gipsmasse merke, daß ich nun nahe am Mosaik bin und besonders sorgfältig vorgehen muß.

▼ 27. Die erste Gipslage ist eingefüllt.

◄ 28. In die zweite, weiße Gipsschicht habe ich zur Verstärkung mit Klebestreifen umwickelte Holzleisten eingebettet.

▼ 29. Nach dem Abbinden kehre ich die Form um zur Anfertigung eines „Gegenabgusses" der gewellten Partie, wozu ich zunächst an den entsprechenden Stellen die Tonform aushöhle; die verbleibende Tonschicht sollte etwa 4 cm stark sein. Als Längsverstärkung habe ich Stahlstäbe eingezogen. Die ausgehöhlten Partien fülle ich (mit Holzleisten darüber) letztere überdeckend mit weißem Gipsbrei.

▲ 30. Detailansicht des „Gegenabgusses"; die Holzstäbe liegen als Halterung an vorher eingezeichneten Stellen auf den Brettern des Rahmens auf, der Ton wurde entfernt. Vor dem folgenden Eingießen des Mörtels bestreiche ich die beiden Teile des „Gegenabgusses" mit flüssiger Seife.

▶ 31. Ich fülle nun diese Unterseite völlig mit Mörtel aus, wobei ich darauf achten muß, daß die Zwischenräume zwischen den Plättchen und den beiden Teilen des Gegenabgusses vollständig ausgefüllt sind. Damit sich keine Blasen bilden, rüttle ich den Kasten um meine Form mehrmals. Gut zu sehen sind die weger der Länge des Reliefs eingesetzten Stahlstäbe.

◀ 32. Nach dem Glattstreichen muß man unter wiederholtem Befeuchten den Mörtel etwa drei Tage lang allmählich trocknen lassen.

▼ 33. Seitenansicht des Stücks nach Abnahme des Rahmens; der Gegenabguß ist noch nicht entfernt.

◄ 34. Ich beseitige nun die beiden Teile des „Gegenabgusses", wobei ich darauf achten muß, den Mörtel nicht zu beschädigen. Quer über die erste Aussparung sind die beiden Stahlstäbe zu erkennen, aus der zweiten schlage ich gerade den Gips heraus.

► 35. Die beiden Aussparungen unter den „Wellenkämmen" mit den Verstärkungsstäben.

► 36. Unsere Skulptur und dahinter der davon abgehobene Gipsabguß.

► 37. Ich ziehe nun das mit Plastikfolie hinterklebte Trägerpapier ab und reinige die Mosaikoberfläche.

▲ 38. Ich vermische dann Spachtelmasse mit blauer Farbe für die Fugen zwischen den blauen Plättchen.

▲ 40. Nach etwa 45 Minuten ist die Spachtelmasse trocken; man könnte mit der weiteren Bearbeitung auch noch etwas länger warten, aber zu empfehlen ist es eigentlich nicht. Mit Sägemehl und einer hartborstigen Bürste wird die überschüssige Spachtelmasse entfernt. Man kann das auch mit einem Tuch oder selbst mit bloßen Händen machen; Wasser sollte jedoch nicht verwendet werden, sondern ausschließlich Sägemehl.

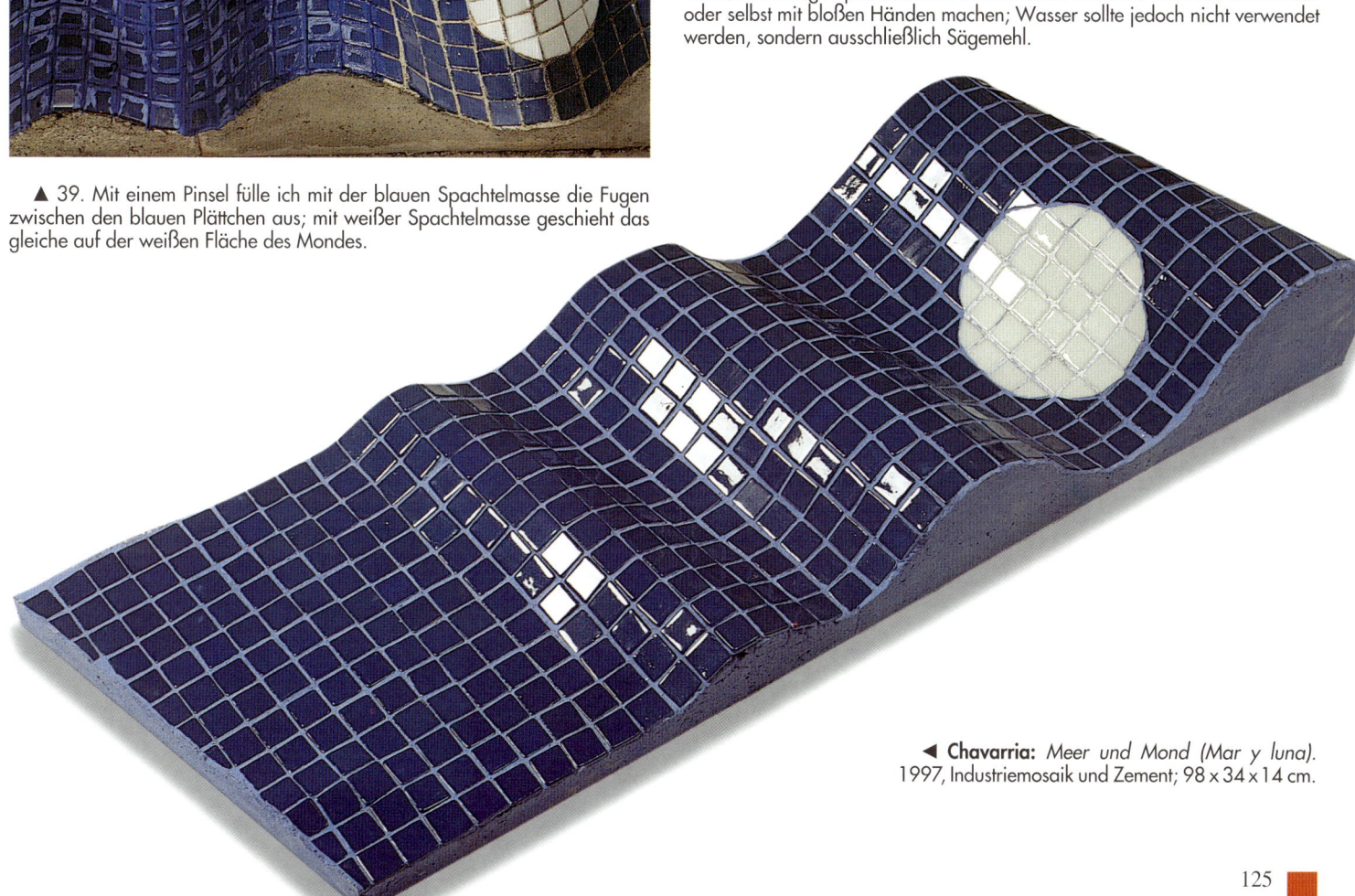

▲ 39. Mit einem Pinsel fülle ich mit der blauen Spachtelmasse die Fugen zwischen den blauen Plättchen aus; mit weißer Spachtelmasse geschieht das gleiche auf der weißen Fläche des Mondes.

◄ **Chavarria:** *Meer und Mond (Mar y luna).* 1997, Industriemosaik und Zement; 98 x 34 x 14 cm.

Reliefwandbild, gefertigt in indirekt-negativer Technik

Das Reliefwandbild, dessen Entstehung nachstehend geschildert wird, wurde nach der indirekten Methode mit Umkehrung gestaltet aus Marmor und Granit, und zwar aus 5 cm breiten, 2 cm starken Streifen sowie Platten im Format 30 x 30 x 1,2 cm. Zum Zuschneiden braucht man eine wassergekühlte Elektrosäge mit einer Diamant-Trennscheibe.

Das Zusammensetzen unterscheidet sich zunächst nicht von der direkten Methode. Damit wir aber das gewünschte Relief erreichen, müssen wir dann doch eine Umkehrung unserer Vorzeichnung anfertigen (wie das geschieht, wurde schon geschildert) und auf diese Ton- oder Plastilinstreifen unterschiedlicher Dicke auflegen.

Sofern wir statt eines Reliefs ein Wandbild mit ebener Oberfläche haben wollen, müssen wir lediglich die Stücke aus Marmor und Granit auf die Vorzeichnung auflegen (die spiegelbildliche natürlich!) und sie mit dem Mörtel hintergießen, wobei die Höhenunterschiede wie bei einem Bodenbelag von selbst ausgeglichen werden.

▲ 1. Die Vorzeichnung im Originalformat, Streifen und Platten aus Marmor und Granit und daraus zugeschnittene kleinere Stücke.

▲ Der mit Farbstiften ausgeführte Entwurf für ein rundes Reliefwandbild.

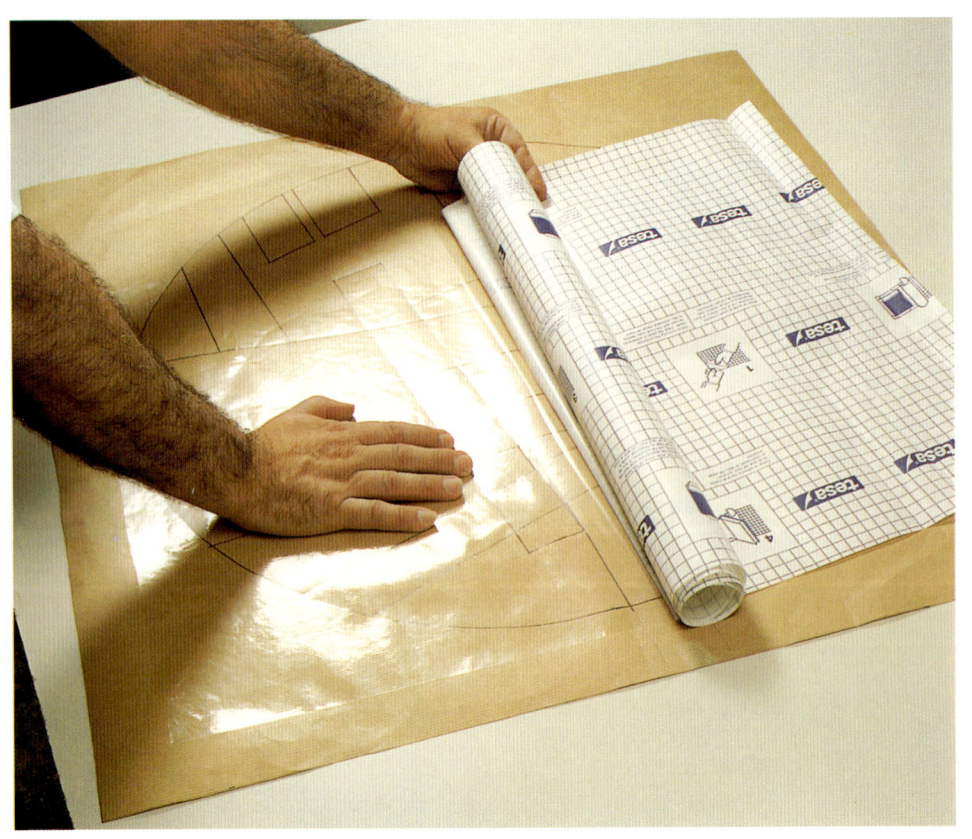

▶ 2. Durch das Überkleben mit durchsichtiger Plastik-Klebefolie mache ich die Vorzeichnung wasserdicht.

▲ 3. Die Vorzeichnung wurde mit Plastikfolie beklebt, weil die mit der Naßsäge zugeschnittenen Gesteinstücke, die aufgelegt werden sollen, noch feucht sind.

▲ 4. Als erstes schneide ich die Streifen und Stücke aus schwarzem Marmor für den mittleren Längsstreifen zu und lege sie auf die Vorzeichnung auf.

◄ 5. Es kommt der grüne Querbalken hinzu; die Streifen müssen in ihren Abmessungen sehr genau der Vorzeichnung entsprechen.

▼ 6. Beim Zuschneiden mit der Naßsäge; hier wird ein Schrägschnitt angesetzt.

▼ 7. Mit Filzstift und Winkelmaß zeichne ich auf einem der roten Marmorstreifen die Schnittlinie ein. Weil das Kühlwasser die Markierung zum Verschwinden bringen könnte, empfiehlt es sich, ein Stück Klebeband (das sich vor dem Verlegen problemlos wieder ablösen läßt) so anzubringen, daß seine Kante längs der Schnittlinie verläuft.

127

▲ 9. Die Sägescheibe frißt sich durch den Marmor.

◄ 10. Bei beidseits beschnittenen Stücken, die zwischen andere eingefügt werden, müssen die Schnitte besonders präzise und sauber sein.

▲ 8. Ich trenne ein Stück von dem Marmorstreifen ab.

▼ 11. Jetzt sind schon Streifen in drei Farben zusammengesetzt.

▼ 12. Bei einem lotrechten Schnitt durch einen weißen Marmorstreifen bediene ich mich der Führungsschiene der Säge, um ein Verrutschen zu vermeiden.

▼ 13. Ich setze einen Schrägschnitt durch diesen Streifen an.

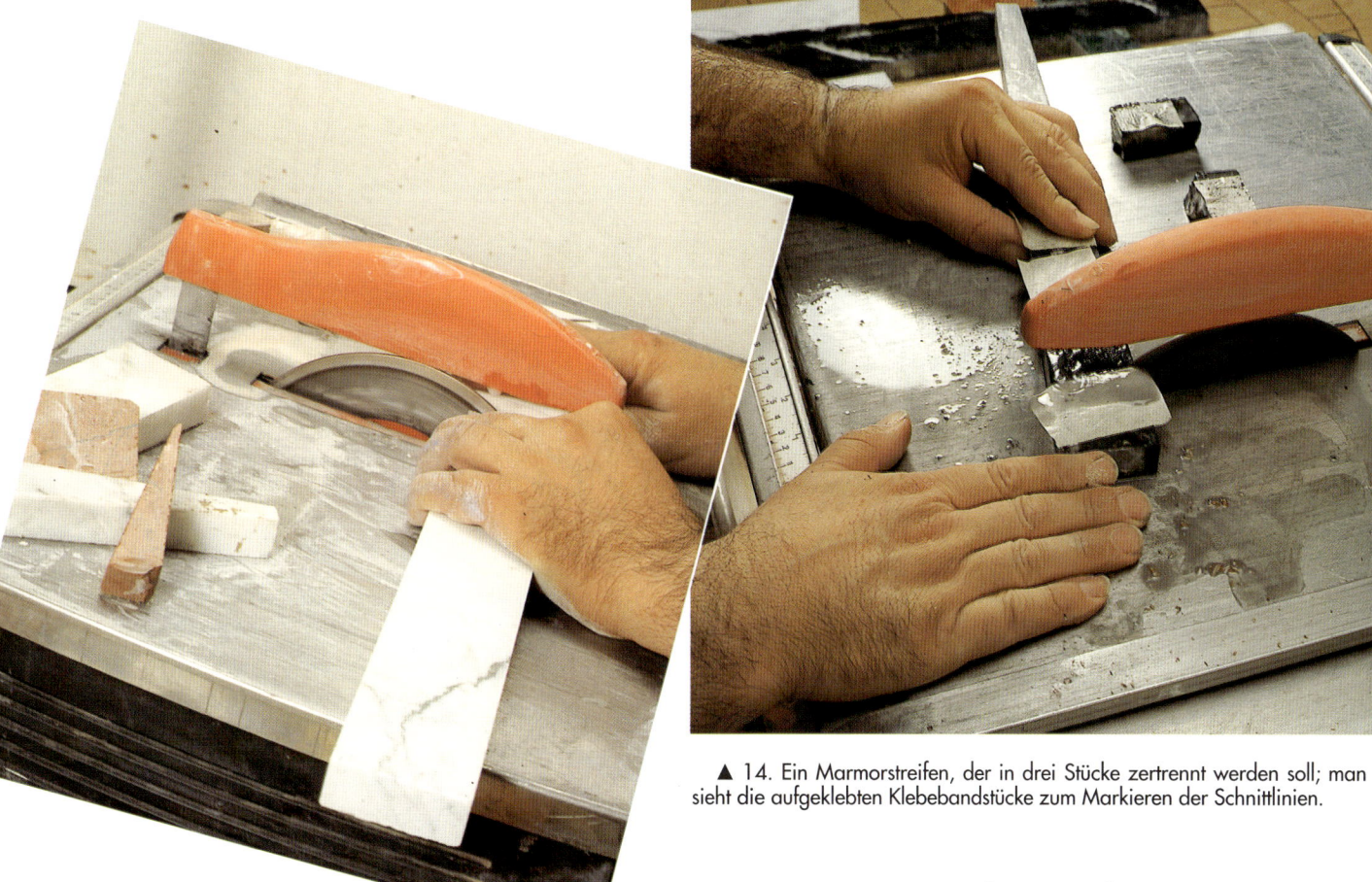

▲ 14. Ein Marmorstreifen, der in drei Stücke zertrennt werden soll; man sieht die aufgeklebten Klebebandstücke zum Markieren der Schnittlinien.

▼ 15. Inzwischen sind Gesteinstreifen in fünf Tönungen aufgelegt.

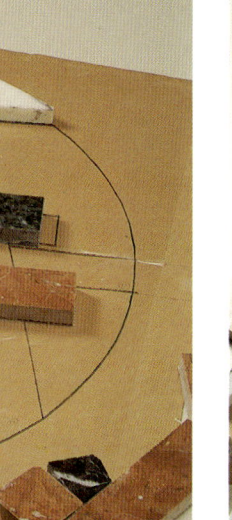

▼ 16. Das Zusammensetzen schreitet weiter fort.

◄ 17. Alle Teile aus den 2 cm dicken Streifen sind nun aufgelegt, und ich werde sie ergänzen durch Stücke aus den dünneren Platten, deren Außenkanten der Kreislinie des Entwurfs angepaßt werden.

▼ 18. Hier fehlen nun nur noch die Stücke aus der weißen Marmorplatte.

◄ 19. Beim Zertrennen einer schwarzen Marmorplatte; wieder dient ein Klebestreifen zur Markierung der Schnittlinie.

◄ 20. Das fertig zusammengesetzte Mosaik, das man nun auch so mit einem geeigneten Bindemittel direkt auf eine Sperrholz- oder Faserzementplatte kleben oder mit Klebemörtel direkt auf einer Wand befestigen könnte. Das Relief ist allerdings dabei nur gering ausgeprägt.

▲ 21. Neben dem zusammengesetzten Mosaik die Umkehrung der Vorzeichnung; auch sie wird mit durchsichtiger Klebefolie abgedeckt.

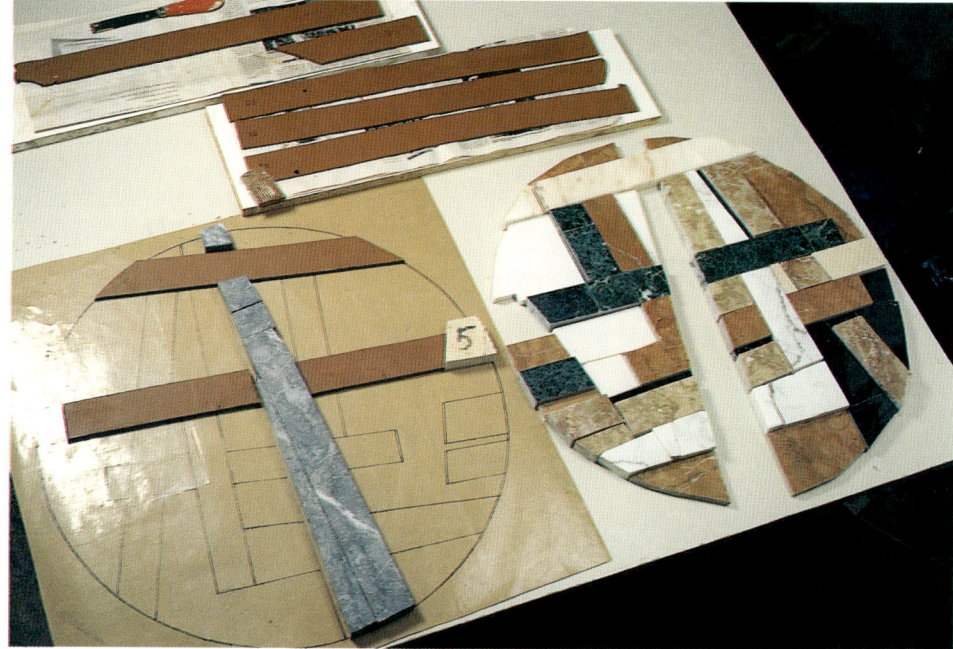

◀ 22. Zur Verstärkung des Reliefs lege ich an bestimmten Stellen Streifen aus Ton auf. Da der Längsbalken aus schwarzem Marmor am stärksten hervortreten soll, liegt er direkt auf der Vorzeichnung auf.

▲ 23. Mit dem Spachtel schneide ich eine Tonscheibe zu, wobei mir als Schablone die weiße Marmorplatte dient, auf die sie aufgelegt werden soll.

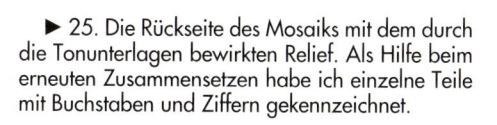

▲ 24. Nun läßt sich schon das künftige Relief erkennen, das durch das Unterlegen von Tonstreifen erzeugt wird.

▶ 25. Die Rückseite des Mosaiks mit dem durch die Tonunterlagen bewirkten Relief. Als Hilfe beim erneuten Zusammensetzen habe ich einzelne Teile mit Buchstaben und Ziffern gekennzeichnet.

◄ 26. Mit der auf den Winkelschleifer aufgesetzten Trennscheibe für Metall schneide ich die Stäbe zu, die mir zur Armierung dienen sollen. Bei dieser Arbeit muß man einen Gesichtsschutz und Handschuhe tragen.

▼ 27. Die Anordnung der 6 mm starken Eisenstäbe für die Armierung der Trägerplatte; an ihren Kreuzungspunkten habe ich sie mit Draht verbunden.

◄ 28. Aus einem mit Klebeband zusammengehaltenen Aluminiumstreifen habe ich einen Rahmen um das Rundbild angefertigt. Dessen Aufsatzkante sollte man mit Gips versiegeln, um das Austreten von Wasser aus dem feuchten Mörtel zu verhindern.

► 29. Nach dem Abbinden des Gipses rühre ich Mörtel an, zunächst ziemlich dünnflüssig, damit er gut in alle Ritzen eindringt, und dann dickeren. Der in den Rahmen eingefüllte Mörtel muß die Armierung um etwa 1,5 cm überragen.

▶ 30. Bei dieser Aufnahme sind die zur Erzielung stärkeren Reliefs eingesetzten Tonstreifen noch gut zu erkennen.

▲ 31. Diese entferne ich nun mit einem Spachtel ebenso wie zwischen den Fugen ausgetretenen Beton.

▲ 32. In dieser Schrägaufnahme des fertigen Wandbilds kommt das Relief stärker zur Geltung.

◀ **Chavarria:** *Circrom.* 1977; Marmor, Granit und armierter Beton; Durchmesser 60 cm, Höhe 6 cm.

„Tempel" – eine in direkter Technik mit Mosaik belegte Rundplastik

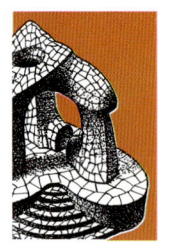

Bei den bisherigen Projekten, die in der direkten Methode des Zusammensetzens gefertigt wurden, diente als Trägerfläche eine Platte aus Sperrholz oder Faserzement; hier soll dafür eine Plastik aus Terrakotta Verwendung finden.

Dazu habe ich das Modell eines Tempels geformt, der aus zwei Teilen besteht. Der eine davon ist die aus drei sich berührenden, 9 cm hohen Trommeln bestehende Basis über einer Kreisfläche mit einem Durchmesser von 55 cm, von der aus zwischen den Trommeln Stufen aufsteigen. Darauf steht als zweiter Teil der eigentliche Tempel. Sowohl die Basis als der Tempel selbst sind vollständig mit Mosaikplättchen in vielen Farben wie mit einer zweiten Haut bedeckt. Um das zu ermöglichen, mußten die verwendeten Fliesen in viele oft winzige Stückchen von präzisem Zuschnitt zerteilt werden.

Fraglos erfordert die Ausführung dieses Projekts einen hohen Arbeitsaufwand, zum einen wegen der vielfach gekurvten Flächen, zum anderen wegen der geringen Abmessungen dieses Modells. Bei einem Tempel in Originalgröße wäre das Verlegen des Mosaiks sicherlich weniger mühsam!

▲ 1. Keramikfliesen in verschiedenen Farben, aus denen die Mosaikteilchen geschnitten werden.

▲ Entwurf für den farbig gestalteten Tempel in drei Ansichten; Bleistift, Farbstifte und Wasserfarben.

▼ Das aus Terrakotta gefertigte Tempelmodell

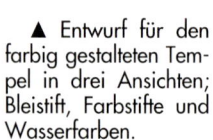

▲ 2. Ich habe zur Vorbereitung drei runde Tonscheiben geformt, gebrannt und farbig glasiert, welche die Oberflächen der drei Zylinder der Basis bilden sollen, und außerdem gleicherweise schwach gekrümmte Bogenstreifen für die Treppen.

◄ 3. Die Basis mit den aufgelegten Deckflächen der drei Trommeln und den Bogenstreifen für die Treppen.

▲ 4. Als erstes nehme ich die Treppen in Angriff; hier zerteile ich gerade einen der schmalen weißen Bögen.

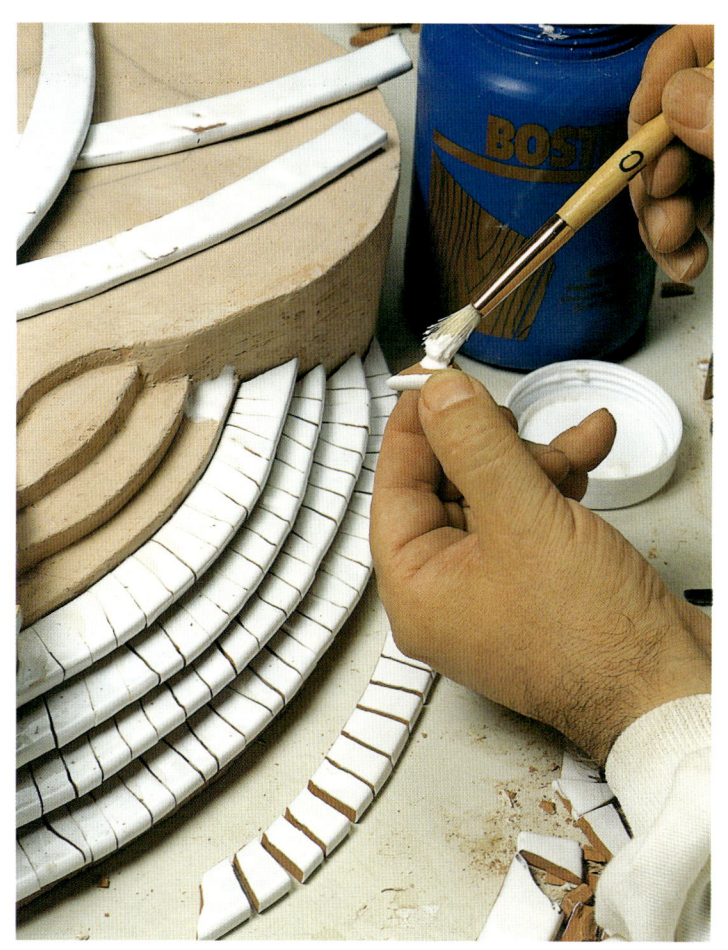

▶ 5. Hier bestreiche ich eines der so gewonnenen Tesserae mit Leim, nachdem ich auch schon auf die dafür vorgesehene Stelle Leim aufgetragen habe.

◀ 6. Mit dem Stichel richte ich die Tesserae aus.

▼ 7. Nachdem die Treppenstufen verkleidet sind, lege ich mir die Fliesen zurecht, die ich zum Belegen der Trommelwände (wie schon anderweitig gezeigt) mit Fliesenschneider und Fliesenbrecher zerteile.

◀ 8. Hier klebe ich gerade am unteren Rand einer Trommel mittelblaue Fliesenstückchen an.

▶ 9. Diese ergänze ich nach oben durch ein Schrägband von hellblauen.

▶▼ 10. Verschiedene Ansichten der nun ringsum mit Mosaik versehenen Tempelbasis mit den Abdeckungen für die Trommeln.

▼ 11. Ich stelle den Tempel auf die Plattform und markiere mit einem Bleistift die jeweilige Umrißlinie des Fußes einer „Säule".

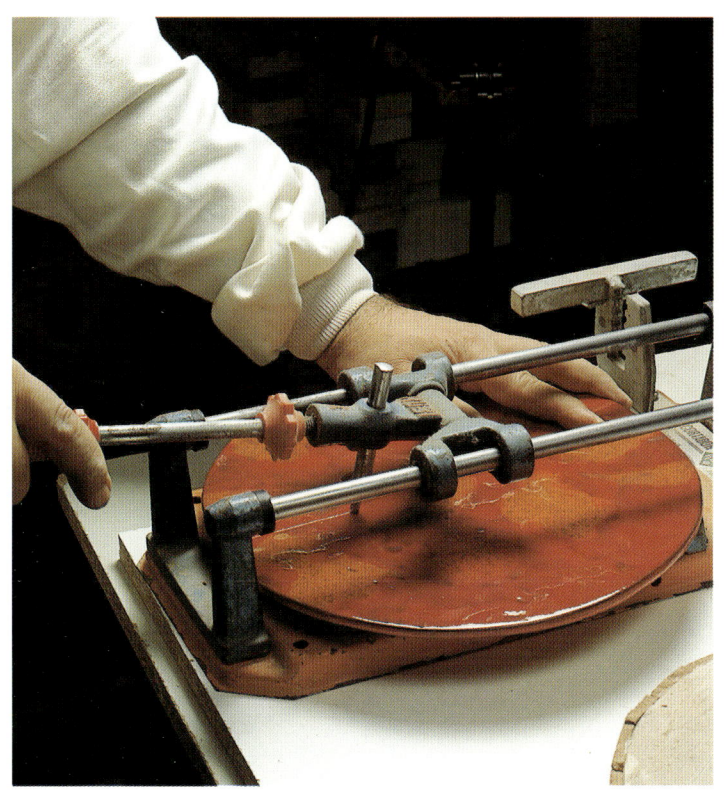

▲ 12. Nach dem Einritzen mit dem Fliesenschneider ...

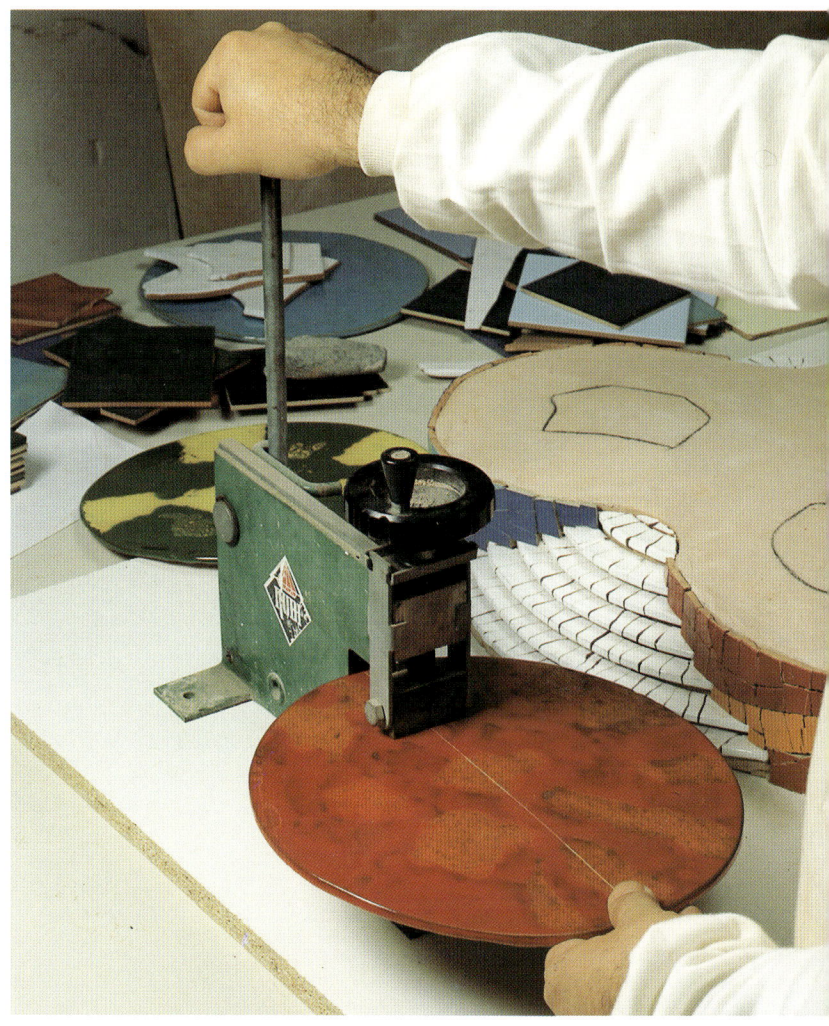

▶ 13. ...zertrenne ich mit dem Fliesenbrecher eine der Deckscheiben,...

▼ 14. ... setze die mit der Zange weiter zerteilten und zugeschnittenen Stücke rings um die für den Säulenfuß ausgesparte Fläche wieder zusammen und klebe sie an.

▶ 15. Gleiches geschieht dann mit der gelb-grünen Deckplatte.

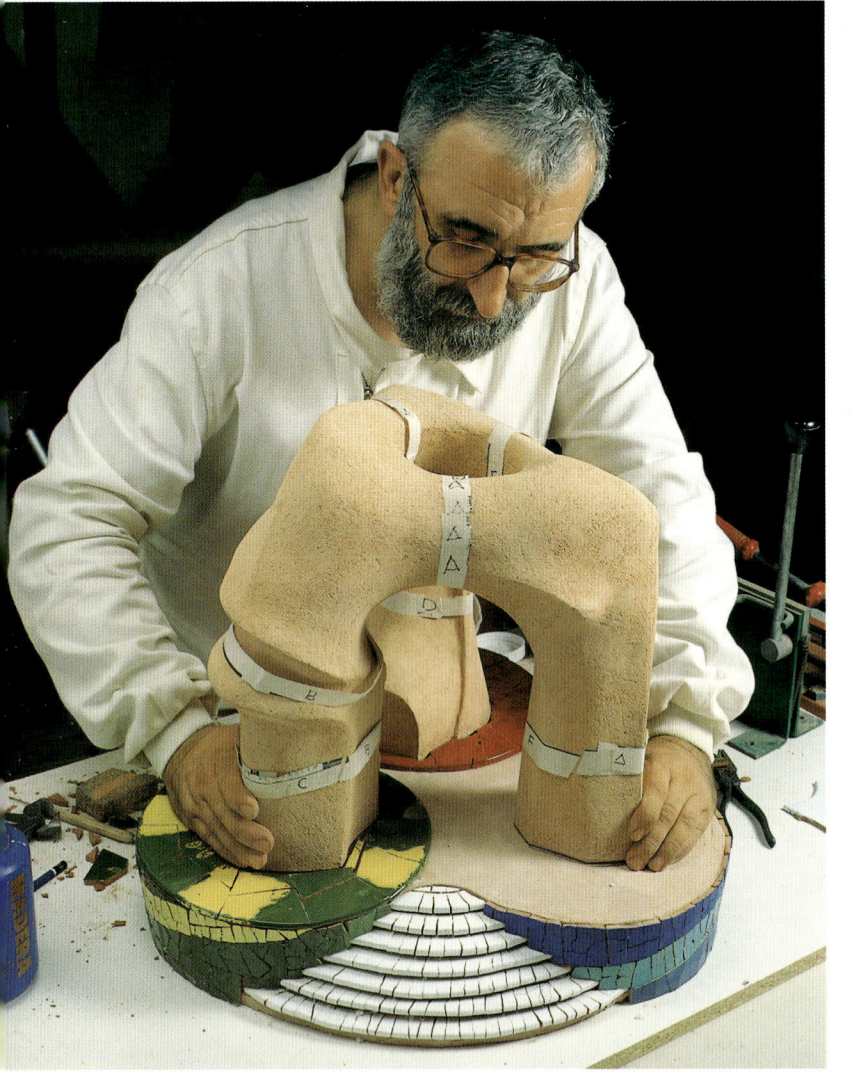

▲ 16. Hier sieht man, daß ich zum leichteren und präziseren Zuschneiden eines Teilstücks mit der Brechzange vorher darauf mit dem Fliesenschneider ein Rasternetz eingeritzt habe.

◄ 17. Ich vergewissere mich, daß bei den beiden schon abgedeckten Trommeloberflächen die Säulenfüße exakt in die Aussparungen passen.

▲ 18. Draufsicht auf die Basis mit den drei Trommeloberseiten und den zwischen ihnen aufsteigenden Treppenstufen.

◄ 19. Ich schneide aus drei rechteckigen Kartonstücken, die ich dann unter die Säulenfüße schiebe, die Umrisse der Säulenfüße aus; sie sind erforderlich für eine saubere Absetzung zwischen den Tesserae der Grundplatte und jenen des Säulenfußes. Den Karton bestreiche ich mit Wachs, damit er keinen Leim annimt.

138

▼▶ 20./21. Von unten nach oben verkleide ich die Säulen mit Mosaikplättchen in den entsprechenden Farben.

▲ 22. Auf einem kleinen Kartonstück markiere ich die Umrißlinie des senkrechten vorderen Abschlusses eines Säulenfußes.

▶ 23. Ich schneide das Kartonstück entlang der Umrißlinie aus und fahre mit einem Filzstift den Umriß auf einer roten Fliese nach.

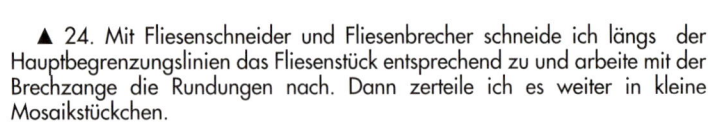

▲ 24. Mit Fliesenschneider und Fliesenbrecher schneide ich längs der Hauptbegrenzungslinien das Fliesenstück entsprechend zu und arbeite mit der Brechzange die Rundungen nach. Dann zerteile ich es weiter in kleine Mosaikstückchen.

▶ 25. Dem Rand der grünen Fläche folgend, habe ich inzwischen mit dem Aufkleben gelber Tesserae begonnen.

▲ 26. Blick in das „Gewölbe" des Tempels.

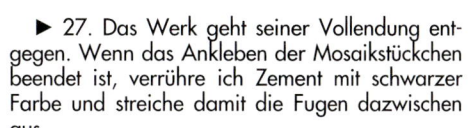

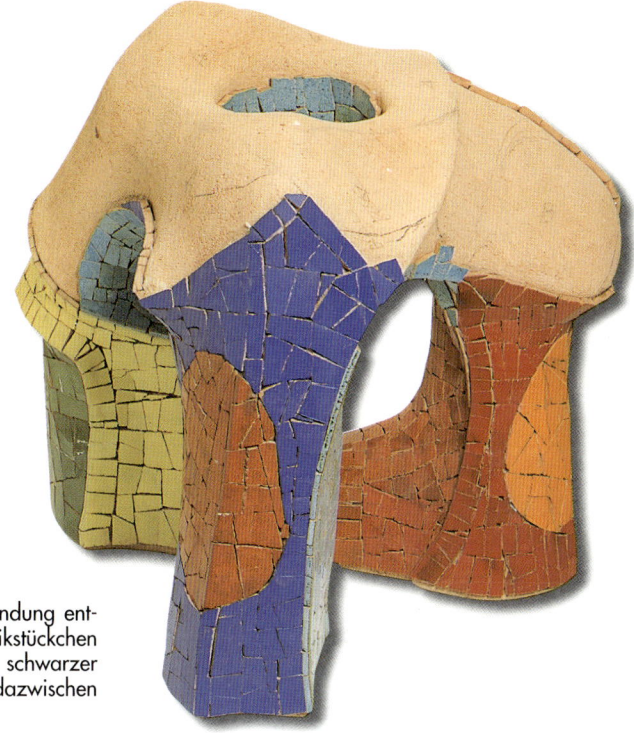

▶ 27. Das Werk geht seiner Vollendung entgegen. Wenn das Ankleben der Mosaikstückchen beendet ist, verrühre ich Zement mit schwarzer Farbe und streiche damit die Fugen dazwischen aus.

◀▶ 28. Der fertige Tempel aus drei Blickwinkeln.

Chavarria: *Tempel.* 1997, Mosaiksteinchen aus Keramikfliesen; Höhe 49 cm, Durchmesser 55 cm.

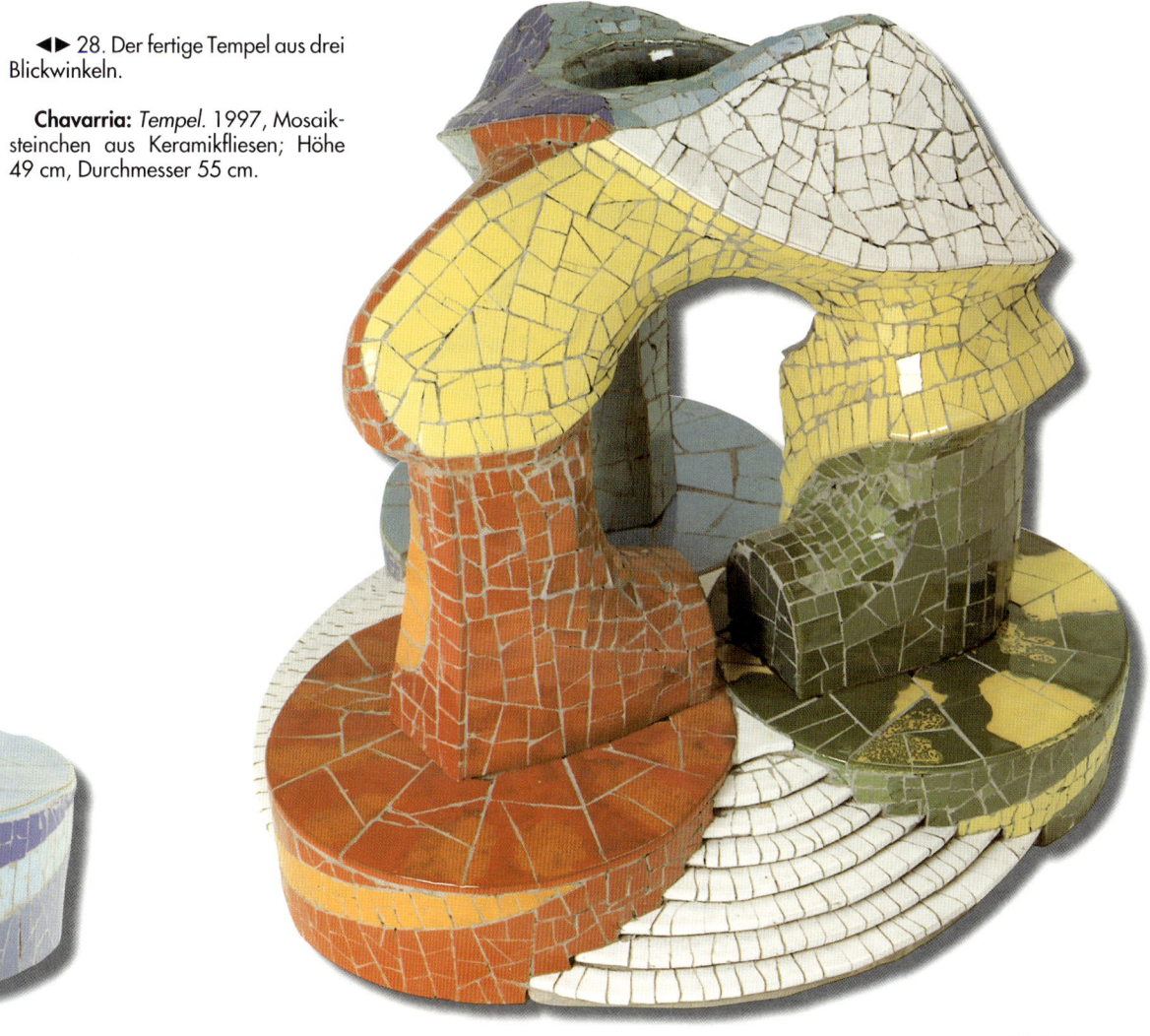

Wasserbecken, gefertigt in indirekt-positiver Technik

Gemeinsamer Nenner für das Schaffen von Mosaiken ist die Beschränkung auf ganz bestimmte, gewöhnlich vorgefertigte Materialien. Aber man kann sich seine Tesserae auch selbst herstellen, und der beste Weg dafür ist die Verwendung von Keramikmasse, die sich entsprechend formen, bei niedriger oder hoher Temperatur brennen und dann leicht zerstückeln läßt. Das führt uns zu einer weiteren Methode für die Anfertigung eines Mosaiks.

Vorgabe für das nachfolgende Projekt ist die Darstellung eines Tintenfisches in einem Wasserbecken. Dieser Meeresbewohner war schon bei den alten Römern ein beliebtes Mosaikmotiv, und sein vielgliedriges Erscheinungsbild lädt zu bewegter Gestaltung ein.

Der hier geschilderte Arbeitsablauf setzt das Brennen der Keramikmasse voraus, und zwar zweifach: zunächst einen Schrühbrand zum Härten der Masse und dann den Glattbrand für die entsprechende Glasur. Keramikmasse und Glasuren muß man sich im Fachhandel beschaffen.

Für das Verlegen des Mosaiks gibt es zwei Methoden, von denen ich hier die schwierigere schildere, soweit es das Anbringen der Tesserae an den senkrechten Wänden des Beckens betrifft. Man könnte sie nämlich auch nach dem Entfernen des Abgusses einfach mit Klebemörtel anheften.

▼ 1. Rohstoff, Zubehör und Werkzeuge für die Anfertigung des Mosaikbeckens.

◀ Mit Farbstiften angelegter Entwurf für das Mosaik am Boden des Beckens.

▼ 2. Ich füge auf dem Tuch eine Platte aus Steinzeugton zusammen, indem ich Wülste mit der Hand forme und diese aneinanderdrücke.

▼ 3. Auf beide Seiten der Platte lege ich zwei 7 mm starke Holzleisten und rolle mit dem Wellholz den Ton flach, bis er gleichmäßig deren Höhe erreicht.

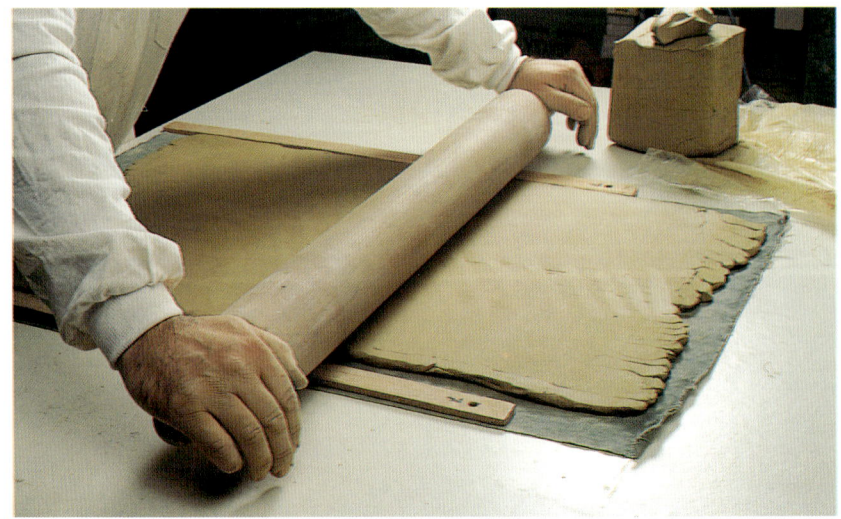

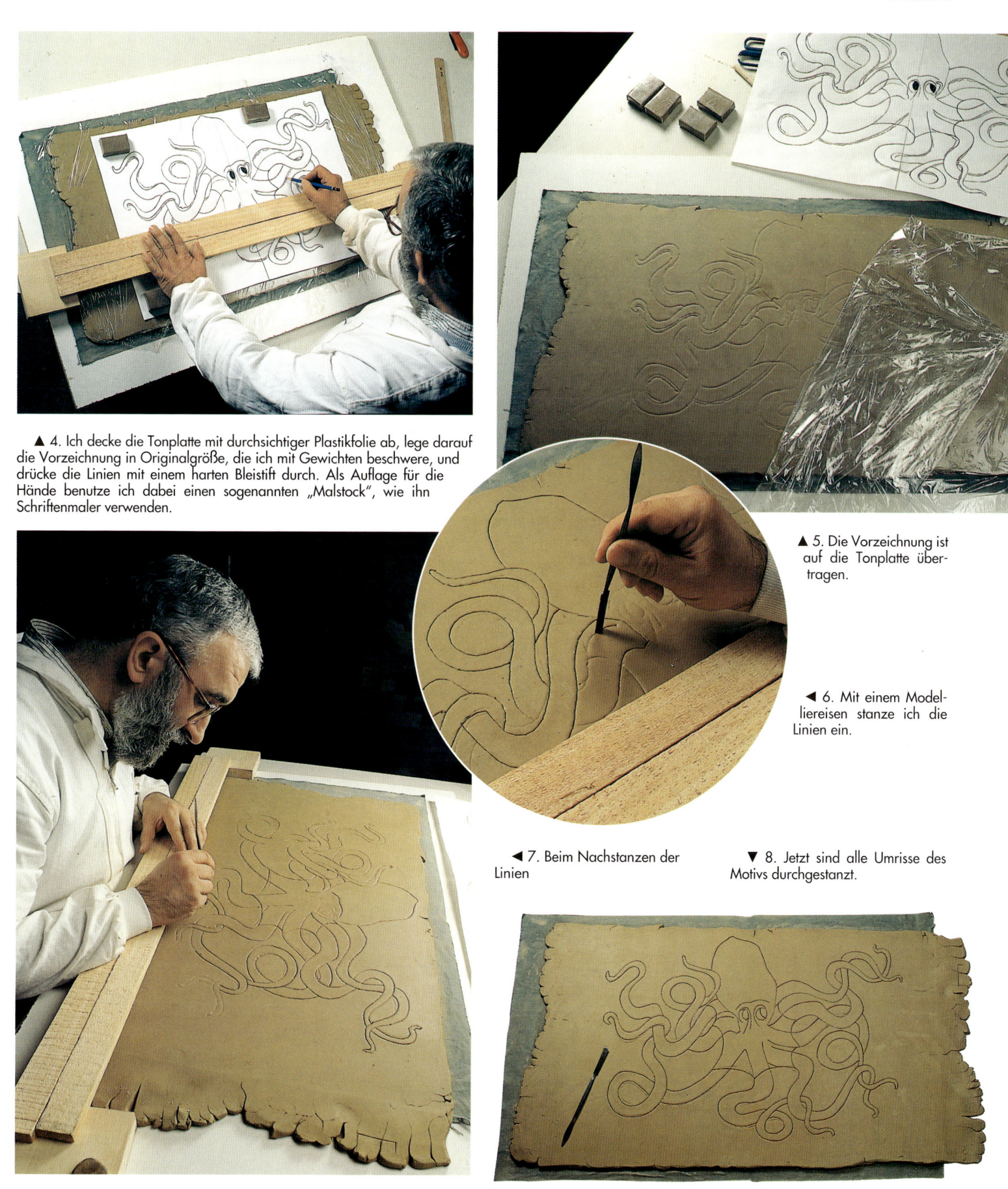

▲ 4. Ich decke die Tonplatte mit durchsichtiger Plastikfolie ab, lege darauf die Vorzeichnung in Originalgröße, die ich mit Gewichten beschwere, und drücke die Linien mit einem harten Bleistift durch. Als Auflage für die Hände benutze ich dabei einen sogenannten „Malstock", wie ihn Schriftenmaler verwenden.

▲ 5. Die Vorzeichnung ist auf die Tonplatte übertragen.

◄ 6. Mit einem Modelliereisen stanze ich die Linien ein.

◄ 7. Beim Nachstanzen der Linien

▼ 8. Jetzt sind alle Umrisse des Motivs durchgestanzt.

143

◀ 9. Ich lege als Verlängerung des einen Winkelmaß-Armes eine Holzleiste am unteren Rand der Tonplatte an und beginne damit, mit einem stempelartigen Metallrähmchen von 4 x 4 cm die Plättchen des Hintergrundes auszustanzen.

▶ 10. Anschließend zerteile ich auch Arme und Körper des Tintenfisches mit dem Modelliereisen in kleine Stücke.

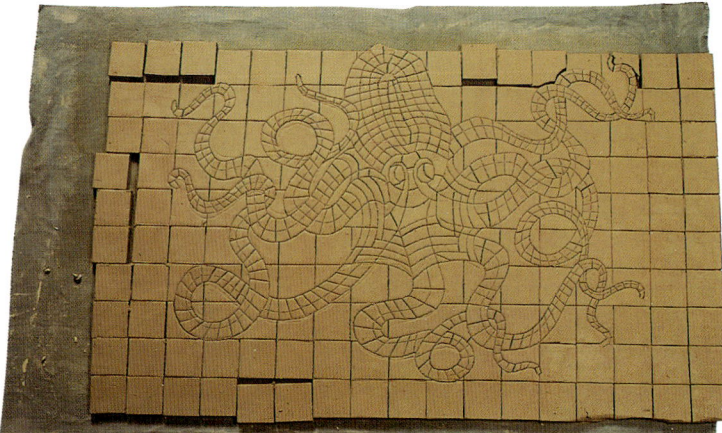

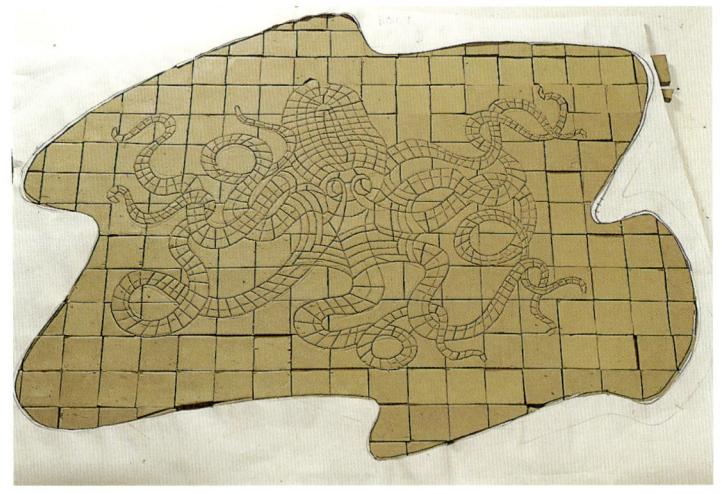

▲ 11. Die Tonplatte nach erfolgter Aufteilung.

▶ 12. Ich schneide den Umriß des Beckens aus einem großen Karton aus und lege diesen auf die Tonplatte, um so die Begrenzungslinie für die außerhalb liegenden, zu entfernenden Teile festzulegen.

▲ 13. Zwei der Ofenplatten, auf welche die zertrennte Tonplatte verteilt werden muß, beim Auftragen der Glasur nach dem Schrühbrand. Die Plättchen für den Tintenfisch und den dunkelblauen Grund sind hier schon glasiert, die hellblauen noch nicht.

▶ 14. Hier nun die nach dem Glasurbrand aus dem Ofen genommenen Platten. Der Glasurbrand erfolgte bei 1.260 Grad, für die Beckenwand wurden hell- und dunkelblaue Plättchen in kleinerem Format hergestellt.

▲ 15. Ich fertige aus dem Ton eine 2 cm dicke vorübergehende Trägerfläche an und füge auf dieser das Mosaik zusammen.

▶ 17. Als nächstes schneide ich 8 cm breite Streifen aus dem ausgerollten Ton zu, die ich als Rahmen um das Mosaik setze.

▼ 18. Diese Umrandung versehe ich außen mit einer Modellierung und beginne dann auf der Innenseite mit dem Anbringen der Mosaikplättchen.

▲ 16. Wenn die Bodenfläche des Beckens komplett zusammengesetzt ist, schneide ich mit dem Spachtel den überstehenden Ton weg.

▼ 19. Mit Streifen aus Kraftpapier, die ich mit wasserlöslichem Leim bestrichen habe, überklebe ich zunächst die Innenwand; dann decke ich auf gleiche Weise die Bodenfläche mit dem Papier ab.

145

◀ 20. Ich kleide das gesamte Innere des Beckens mit Plastikfolie aus und setze einen weiteren 8 cm breiten Tonstreifen gegen die Innenwand; er wird zunächst gebraucht für die Unterteilung des zu erstellenden Gipsabgusses in Teilabschnitte.

▶ 21. Wegen der geschwungenen Form der Umrandung sehe ich Unterteilungen vor und setze, um sie zu bewirken, dünne Tonscheiben dafür ein. Dann rühre ich Gipsbrei an, den ich mit etwas roter Farbe rötlich gefärbt habe, und trage ihn mit dem Spachtel als ungefähr 1 cm dicke Schicht auf die modellierte Außenseite der Umrandung auf.

▼ 22. Ein Blick auf den entstehenden Model, von einem niedrigeren Außenwändchen aus Ton umgeben; man erkennt vier Abschnitte, bei denen ich über dem rötlichen Gips schon weißen aufgetragen habe, und zwei andere, bei denen das noch nicht geschehen ist.

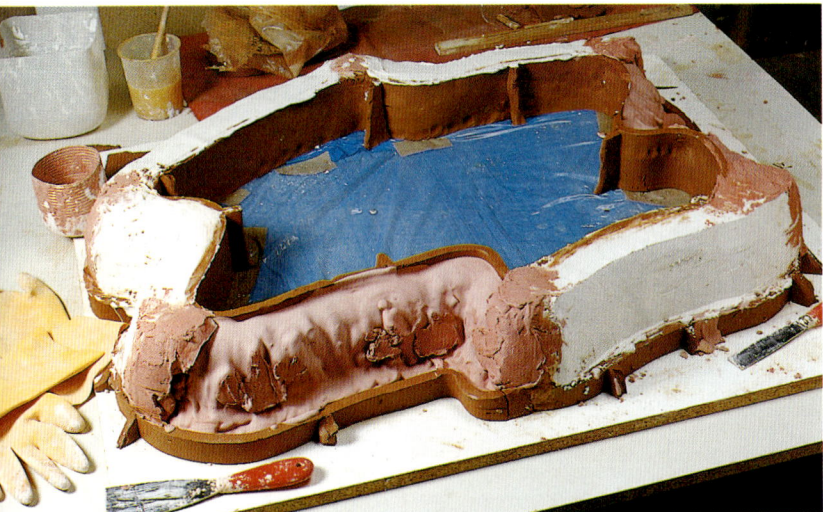

▲ 23. Nachdem auf diese Weise ein Abguß von der Umrandung erstellt worden ist, entferne ich die innere Tonwand, bestreiche die Innenkante des Abgusses mit flüssiger Seife und gieße auf den mit Plastikfolie abgedeckten Boden etwa 2 cm hoch weißen Gipsbrei. Auf diese Gipsschicht setze ich dann erneut die Innenwand aus Ton, aber nun allseits um etwa 3 cm von der Abgußkante ab- und nach innen gerückt. Die Außenwand erhöhe ich auf 3 cm über den Abguß hinaus und pinsle diesen mit flüssiger Seife ein. Ich rühre weiteren weißen Gipsbrei an und fülle damit den Raum zwischen den beiden Tonwänden. Der erstarrende Gips verbindet sich mit dem im Innenraum des Beckens, wird sich wegen des Seifenauftrags aber von der äußeren Umrandung lösen.

▲▶ 24./25. Sobald der Gips abgebunden hat, entferne ich den Ton und breche den Abguß auf. Ich reinige ihn von allen Tonresten und bestreiche ihn mit flüssiger Seife. Ich setze die Teile des Abgusses wieder zusammen und verfuge sie mit Gips und Espartogras; außerdem binde ich eine kräftige Schnur darum, um ein Auseinanderbrechen beim Einfüllen des Mörtels zu verhindern. Über ein Drahtgitternetz gieße ich zunächst dünnen Zementbrei.

◄ 26. Anschließend fülle ich den Raum außen um das Mosaik mit Mörtel aus und stampfe diesen mit einem dicken Stab gut ein, damit er in alle Vertiefungen des Reliefs der Umrandung eindringt. Zum Schluß fülle ich bis zur Oberkante des Abgusses Mörtel ein und streiche ihn glatt.

► 27. Nach 72 Stunden beginne ich mit dem Wegmeißeln des Gipsabgusses. Dabei entferne ich erst den weißen Gips und dann mit besonderer Sorgfalt den rötlich gefärbten um den Außenrand des Beckens.

Chavarria: *Wasserbecken.* 1997; aus Steinzeugton selbst gefertigte, bei 1.260 Grad glasierte Mosaikplättchen; 76 x 58 x 10 cm.

▼ 28. Das Becken ist fertig.

Mittelstück eines Bodenbelags, gefertigt in indirekt-negativer Technik

Bodenmosaiken erfordern Materialien, die der hohen Beanspruchung durch ständiges Begehen standhalten und widerstandsfähig gegenüber der entsprechenden Abnutzung sind. Daher empfiehlt sich ihre Herstellung aus Gestein, wie Marmor oder Granit, oder zumindest, wie in unserem Fall, aus Steinzeugfliesen.

Gezeigt wird hier nur die Anfertigung des Mittelbildes, von alters her, wie schon berichtet, „Emblema" genannt.

Für das Zusammensetzen solcher Bodenmosaiken kommen zwei Methoden in Frage: die direkte und die indirekt-negative (mit Umkehrung). Ich habe hier die letztere gewählt, weil sie die Verarbeitung relativ großer, wenn auch noch gut zu handhabender Teilstücke erlaubt, und das endgültige Verlegen auf der Bodenfläche dabei recht einfach und zügig vor sich geht.

Der Entwurf unten zeigt das gesamte Bodenmosaik mit einer Ausdehnung von rund 450 x 320 cm; dessen Abmessungen und auch die des Mittelbildes folgen dem Goldenen Schnitt.

Ich habe bei diesem Projekt, je nach Form und Größe der Teile, sowohl mit der Naßsäge als auch mit Fliesenschneider und Fliesenbrecher gearbeitet.

▲ 1. Die Steinzeugfliesen und -platten in verschiedenen Farben und Größen, die als Material verwendet wurden.

◄▼ 2./3. Für das Durchpausen mit einem harten Bleistift legt man für die Umkehrung der Vorzeichnung in Originalgröße unter einen Bogen Kraftpapier das Kohlepapier mit der beschichteten Seite nach oben und obenauf die Vorzeichnung.

◄ Der mit Wasserfarben angelegte Entwurf für das Bodenmosaik insgesamt.

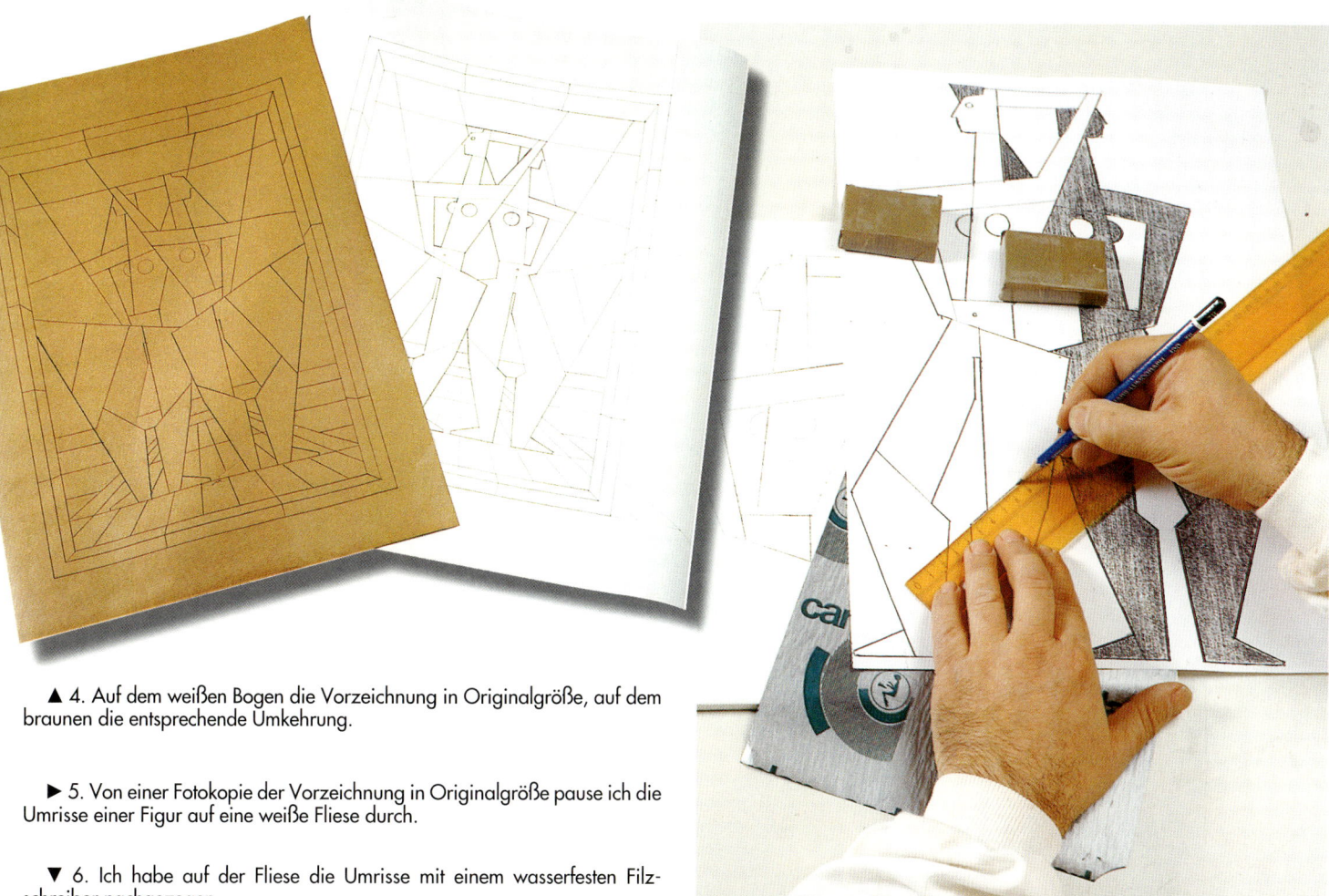

▲ 4. Auf dem weißen Bogen die Vorzeichnung in Originalgröße, auf dem braunen die entsprechende Umkehrung.

▶ 5. Von einer Fotokopie der Vorzeichnung in Originalgröße pause ich die Umrisse einer Figur auf eine weiße Fliese durch.

▼ 6. Ich habe auf der Fliese die Umrisse mit einem wasserfesten Filzschreiber nachgezogen.

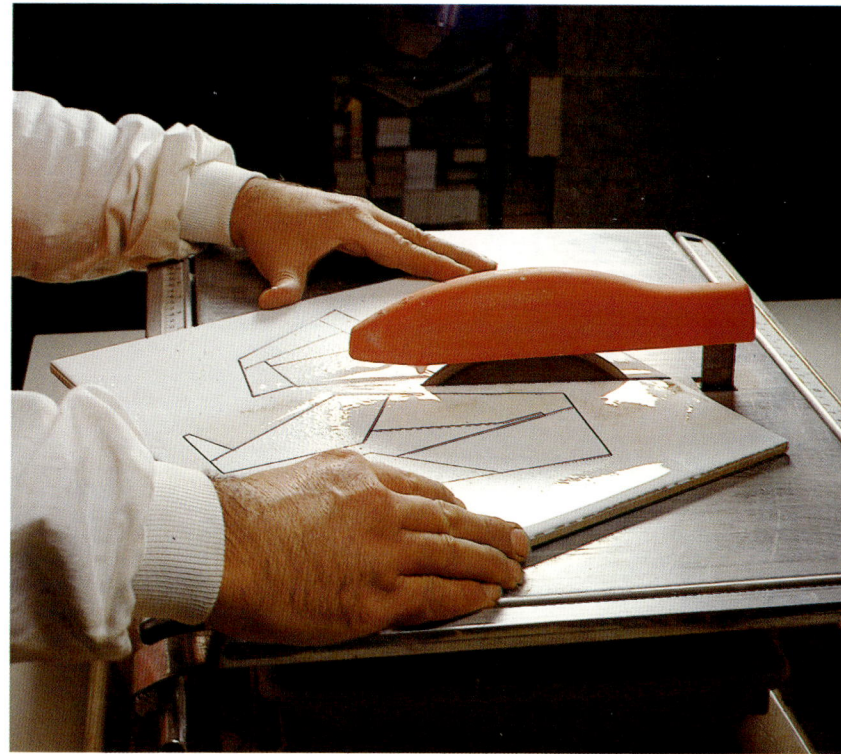

▶ 7. Mit der wassergekühlten Elektrosäge teile ich erst einmal die Fliese in zwei Stücke.

▼▶ 8./9. Ich beginne den Zuschnitt zunächst damit, daß ich die nicht benötigten Außenteile abtrenne. Dann schneide ich die Einzelstücke zu.

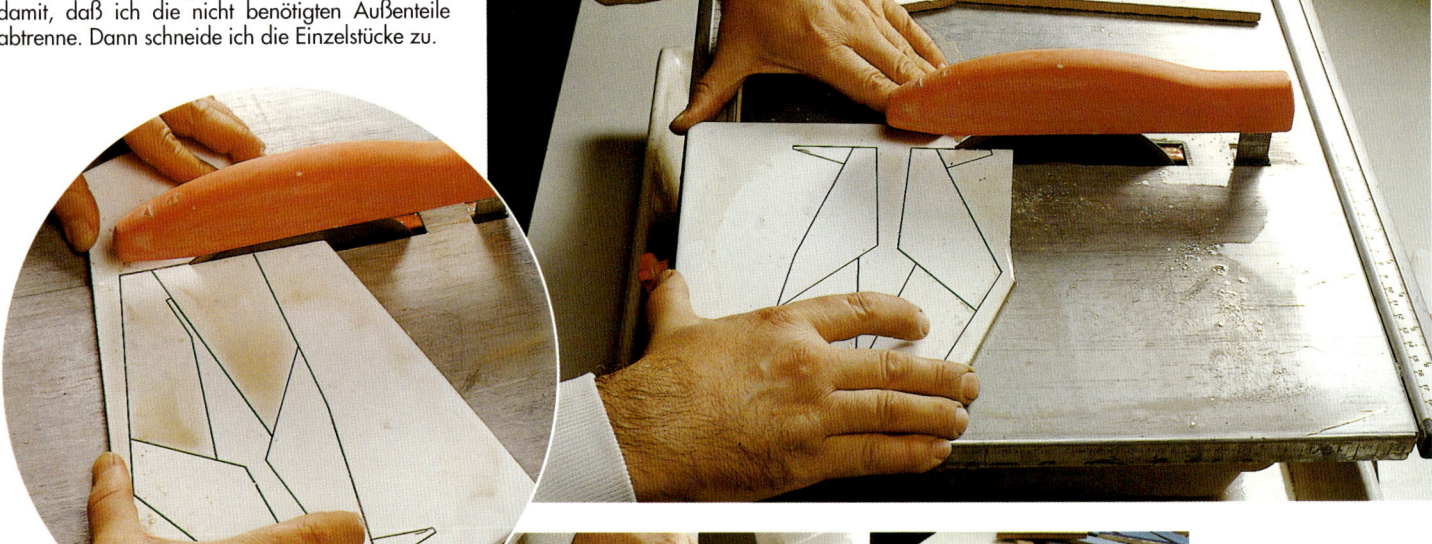

▼ 10. Nun sind alle Einzelteile für die erste Figur zugeschnitten, und ich lege sie aneinander, um zu prüfen, ob sie passen.

◀ 11. Hier ritze ich Trennlinien für Teile der schwarzen Figur mit dem Fliesenschneider ein.

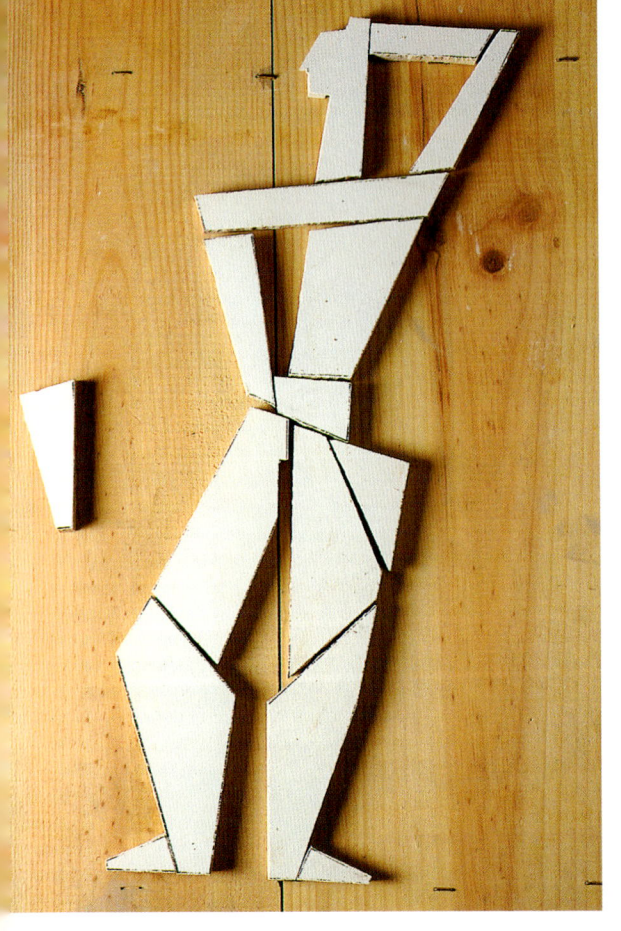

◀ 12. Ich lege zur Überprüfung die Teile der beiden Figuren auf die Vorzeichnung auf.

◀ 13. Hier zertrenne ich gerade eine ockerfarbene Fliese mit dem Fliesenbrecher, nachdem ich mit dem Fliesenschneider die gewünschte Schnittlinie eingeritzt habe.

▲ 14. Nun habe ich die ockerfarbenen Stücke, welche sozusagen die Standfläche für die beiden Figuren bilden, auf die Vorzeichnung aufgelegt.

◀ 15. Ehe ich auch die blauen Fliesenstücke endgültig zusammensetze, lege ich an den unteren Rand des Mosaiks eine Holzleiste an und eine andere senkrecht an die Seite und überprüfe mit Hilfe des Winkelmaßes die Winkelgerechtigkeit; erst dann setze ich die dunkelblaue Fläche, welche das Meer darstellt, weiter zusammen.

▶ 16. Ein Blick auf meinen Arbeitstisch, auf dem ich gerade mit der Naßsäge eine himmelblaue Fliese zertrenne.

▼ 17. Nun ist auch die hellblaue Fläche für den Himmel zusammengesetzt.

▲ 18. Hier zersäge ich soeben eine schwarze Steinzeugplatte, um daraus die Teile für den inneren Rahmen zu gewinnen. Zum Schutze der Augen vor Steinsplittern trage ich eine Schutzbrille, da es unvermeidlich ist, daß man sich bei der Arbeit über die Säge beugt.

▼ 20. Nun beginne ich mit dem Ankleben der Stücke auf der Umkehrung der Vorzeichnung, unter der ich eine Plastikfolie befestigt habe. Ich bestreiche die Vorderseite der zugeschnittenen Teile mit wasserlöslichem Leim und drücke sie an entsprechender Stelle auf das Kraftpapier.

▲ 19. Die erste Arbeitsphase ist beendet: Ich habe alle benötigten Einzelstücke auf der Originalvorzeichnung zusammengesetzt.

▼ 21. Von der Originalvorzeichnung links übertrage ich nach und nach die Einzelteile auf deren Umkehrung rechts. Erst nach Aufkleben des Innenmotivs folgt die Umrandung.

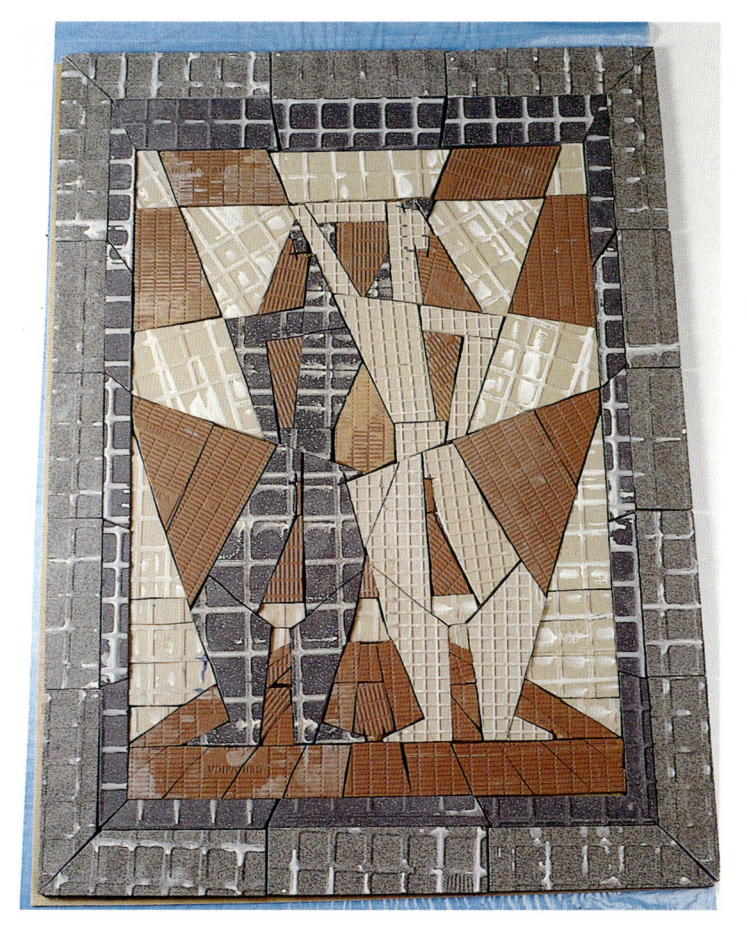

▲ 22. Das fertige Mosaik von seiner Rückseite.

▼ 24. Auch hier habe ich wieder ein Gitter aus Stahldraht zur Armierung zugeschnitten. Damit der Mörtel gut haftet, sprühe ich das Mosaik mit einem Zerstäuber ein.

▲ 23. Ich fertige einen Holzrahmen an, der den Außenmaßen des Mosaiks entspricht, und mache ihn durch Überkleben mit Plastikklebeband wasserabstoßend. Durch weiteres Verkleben an den Außenkanten beuge ich dem Austreten von Wasser aus dem nassen Mörtel vor.

▼ 25. Zunächst verwende ich dünnflüssigen Zementbrei, damit dieser gut in die Ritzen zwischen den Einzelplatten des Mosaiks eindringt.

153

◄ 26. Ich lege das Drahtgitter auf, fülle Mörtel in den Rahmen ein und streiche ihn mit der Kelle glatt; die fertige Platte soll 2,5 cm stark sein.

▼ 27. Der Mörtel braucht drei Tage zum allmählichen Austrocknen; ich bedecke ihn mit einem feuchten Tuch und einer Plastikfolie und sprühe ihn immer wieder einmal ein.

▲ 28. Dann schneide ich die Klebestreifen weg und entferne den Rahmen.

► 29. Ich kehre das Mosaik um und ziehe den Papierbogen ab, was keinerlei Mühe macht, da der Leim sich durch die Feuchtigkeit des Mörtels aufgelöst hat. Kleine Zementreste, die durch die Ritzen gedrungen sind, entferne ich und reinige das Mosaik mit einem Schwamm.

▲ 30. Ich rühre ein wenig Zement an, streiche ihn mit dem Spachtel in die Fugen und lasse gut trocknen.

▲ 31. Dann streue ich sauberes, trockenes Sägemehl auf und beseitige mit einer hartborstigen Bürste überstehende Zementreste.

◀ 32. Nun ist das Mittelbild fertig.

Chavarria: *Emblema.* 1997, Stücke von Steinzeugfliesen; 64 x 48 x 2,5 cm.

155

Fachausdrücke und Erläuterungen

A

Abbinden: Erstarren und beginnendes Erhärten von Kalk, Gips, Zement u.ä.

Abguß: Siehe Model.

Abstreichholz: Werkzeug zum Glätten der Oberfläche von breiartig eingefüllten Materialien wie Gips, Mörtel usw.

Alae: Vorn offene Nebenräume zu seiten des Tablinums.

Armierung: Verstärkung aus Drahtgitter oder Metallstäben in aufgegossenem Beton, Mörtel o.ä.

Atrium: Von Säulen umgebener Hof mit dem Impluvium in der Mitte.

Auflegen (trocken aufl.): Zusammenfügen der Teile eines Mosaiks, ohne sie schon zu befestigen.

Aufschwemmung: Dünnflüssige Mischung von Mörtel, Beton, Gips o.ä.

Avers: Vorderseite (einer Münze, eines Mosaiks o.ä.); Gegensatz: Revers.

▲ **Chavarria:** *Mandala.* 1987, Glasfluß-Tesserae (Smalten) auf Glasplatte; Durchmesser 40 cm.

B

Backsteinpflaster: Siehe Ziegelpflaster.

Beschichtet: Mit Kunststoff überzogen (Holzplatte).

Beton: Korrekte Bezeichnung für eine Mischung aus Zement, Sand und/oder Schotter und Wasser; oft auch einfach Zement genannt.

Bodenbelag: Abdeckung einer Bodenfläche, um diese eben und dauerhaft begehbar zu machen und auch zu schmücken.

Bordüre, Saum: Schmückende Umrandung eines Motivs oder Bildes.

Bozzetto: (Meist plastischer) Vorentwurf für ein Werk, gewöhnlich in kleinerem Maßstab, aber schon mit den wesentlichen Form- und Farbelementen.

Brüchig: Bröselig, mürbe, nicht kompakt, leicht zerfallend.

Büste: Künstlerische Wiedergabe (nicht unbedingt plastisch) von Kopf und Schulterpartie.

C

Compluvium: Im Dach ausgesparte Fläche über dem Atrium, damit sich der Regen im Impluvium sammeln kann.

Croquis (auch Kroki): Skizze, Zeichnung.

E

Einfassung: Ornament als Umrahmung bei Bodenbelägen, an Wänden oder Decken.

Einlegen: siehe Inkrustation.

Emblema: Mittelbild eines größeren Gesamtmosaiks.

Entwurf: Präzise zeichnerische, erforderlichenfalls farbige Vorlage für das geplante Werk unter Verarbeitung von Skizzen, Vorentwürfen usw.

Exedra: Zum Atrium hin geöffneter, mit Sitzgelegenheiten versehener Empfangs- und Gesprächsraum.

F

Fliesenboden: Bodenbelag aus gebrannten Tonplatten.

Fugen: Zwischenräume zwischen Tesserae oder sonstigen Teilen eines Mosaiks, die man (was auch von Form und Gestaltung abhängt) ausfüllen kann oder auch nicht. Das Ausfüllen, für das man Zement oder Kitt verwenden kann, gegebenenfalls farbig, betont im allgemeinen durch Kontrast die Wirkung.

▲ Entwurf für das Wandbild *Via Vitae* (Lebensweg); Bleistift, Farbstifte, Wasserfarben.

G

Gips: Gewöhnlich Bezeichnung für die Masse, die wir aus zermahlenem, kalziniertem Strahlgips (einem Mineral) und Wasser anrühren und die dann rasch erhärtet.

Glasur: Überzug aus fein zermahlenen Rohstoffen, die durch Oxyde gefärbt und durch Hitze verflüssigt und dann einer Oberfläche aufgeschmolzen werden, um ihr Glanz und Farbe zu verleihen.

Glasur- oder Glattbrand: Zweiter Brand zum Aufschmelzen der Glasur.

Goldener Schnitt: Proportionssystem, aufbauend auf der Teilung einer Strecke in zwei ungleiche Teile, so daß der kleinere sich zum größeren verhält wie dieser zur ganzen Strecke.

Grat: Auf der Gegenseite von Fugen hervortretender Streifen erhärteten, überschüssigen Füllmaterials.

H

Hackstock: Teil eines Baumstamms, der das Umschlageisen zum Zertrennen von Mosaikstückchen trägt.

Holzpflaster: Art der Pflasterung, bei der Holzwürfel oder kurze Pflöcke aus Holz Verwendung finden.

I

Impluvium: Das Becken in der Mitte des Atriums, in dem sich das Wasser sammelt.

Inkrustation: Das Einlegen bestimmter Materialien in andere zur schmückenden Gestaltung.

K

Keramikmasse: Formbare Masse, aus Ton, Mineralien und gegebenenfalls Zusatzstoffen gemischt.

Kiesel: Abgerundete kleine Steine, die sich an den Ufern von Gewässern finden oder auch in entsprechenden Ablagerungen.

Kieselmosaik: Sehr alte Art des Bodenbelags aus kunstvoll zusammengesetzten Kieseln.

Kitt: Knetbare, plastische bis zähflüssige Masse, die sowohl zum Ausfüllen von Fugen wie auch zum Kleben verwendet werden kann.

Kontur: Siehe Umriß.

Kufisch: Sehr dekorative, ornamentale Form der arabischen Schrift.

▲ Das gefüllte Wasserbecken.

L

Latericium: Mosaik aus Back-, Ziegelsteinen.

Laubsäge: Sehr feine Säge, z.B. für Intarsien (Holzeinlegearbeiten); eine Abart wird für Halbedelsteine benutzt.

Leiste: Siehe Bordüre, Einfassung, Umrandung.

Maquette: Kleines Modell.

Malstock: Abgerundete Leiste als Hilfsmittel des Malers zum Auflegen der Hand, vor allem beim Schriftenmalen.

Melamin: Ein Pulver zur Gewinnung von Melaminharz, das der Beschichtung von Holzplatten dient.

Mischwanne: Flacher Behälter zum Mischen von Mörtel usw.

Model: Gewöhnlich aus Gips gefertigter Abguß einer Form (Negativ, beim erneuten Ausfüllen ergibt sich wieder die ursprüngliche Form).

Modell: Verkleinerte Darstellung eines geplanten Werkes; siehe auch Bozzetto und Maquette.

O

Ocker: Rötlicher Ton mit starkem Eisenanteil oder anderen rötlich färbenden Oxyden.

Omaijaden: Arabische Herrscherdynastie, die in der von ihr geprägten Kunst (vor allem in den Moscheen, die berühmteste in Damaskus) syrische, koptische und byzantinische Einflüsse verband.

P

Peristyl: Von Säulen umstandener Innenhof.

Pflasterstein: Als Quader oder Würfel zugehauener harter Stein, vorwiegend als Straßenbelag.

Pflasterung: Bedecken des Bodens mit zugehauenenen Steinen oder auch Holzpflöcken.

Pflock: Zugehauener Würfel, Zylinder oder Quader aus Holz zur Pflasterung.

Plastilin: Knetmasse aus Ton und Mineralöl.

Platte: Flache, nicht allzu dicke Scheibe aus Gestein oder gebranntem Ton.

Plattenbelag: Bodenbelag aus Gesteinscheiben oder Fliesen.

Plinius der Ältere: Römischer Schriftsteller (23 - 79 n. Chr.); unter seinen zahlreichen Werken hatte vor allem die *Naturalis Historia* großen Einfluß auf die Entwicklung der Wissenschaft und der Medizin.

Projekt: Hier im Sinne „zu fertigende Arbeit".

R

Rahmen: Einerseits Umrandung um ein Motiv, andererseits eine aus Holzleisten o.ä. gefertigte Einfassung z.B. zur Anfertigung eines Abgusses oder zur sonstigen Weiterbearbeitung.

▼ Skizze zum Tempel; Tusche.

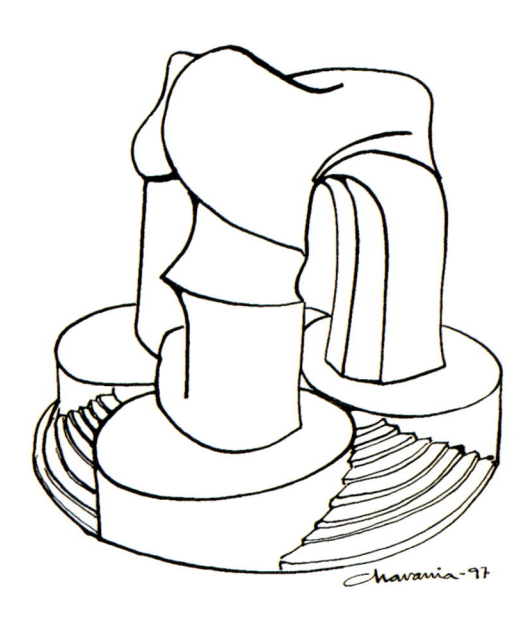

Relief: Plastische, über eine Grundfläche sich erhebende Ausformung.

Revers: Rückseite (einer Münze, eines Mosaiks), Gegensatz zu Avers.

S

Salzsäure: Kann zur Entfernung von Mörtel- oder Betonresten auf einem Mosaik verwendet werden (1 Teil Salzsäure auf 15 Teile Wasser); abschnittsweise reinigen, anschließend mit viel Wasser nachwaschen, stets Gummihandschuhe tragen.

Schachbrettmuster: Aus gleich großen Quadraten abwechselnd in zwei Kontrastfarben zusammengesetzt.

Smalten: Mosaiksteinchen aus Glasfluß, traditionell hergestellt.

Schotter: Fein zermahlenes Gestein als Mörtelzusatz.

Schrühbrand: Erster Brand zum Härten von Ton oder Keramikmasse.

Scutula: Rautenförmiger (rhombischer) Back-, Ziegelstein.

Scutulatum: Aus solchen Steinen oder Stücken zusammengesetzter Bodenbelag, oft mit perspektivischer Wirkung.

Skizze: Zeichnung, oft nach der Natur, oder Vorentwurf in groben Zügen; siehe auch Croquis.

Stanzstempel: Kleiner Metallrahmen zum Ausstechen von Formen.

Steinhammer: Schwerer Hammer mit langem Griff zum Zerschlagen von Gestein.

Steinzeug: Glasierte Keramik, bei der durch die Brenntemperatur von über 1.200 Grad eine völlige Versinterung (Verglasung) eingetreten ist und die daher nicht mehr porös ist.

▲ Entwurf für *Emblema*; Bleistift und Farbstifte.

Stuck: Masse aus Gips (oder auch zermahlenem Marmor), Kalk und Sand, gegebenenfalls unter Kaseinzusatz.

T

Tablinum: Empfangszimmer am Atrium gegenüber dem Eingang.

Tarlatan: Stark appretierter, grobmaschiger Baumwollstoff.

Tetrastyl-Atrium: Von vier Säulen umstandenes Atrium.

Trencadís: Katalanischer Ausdruck für ein Mosaik aus Fliesenstückchen, Glasresten und Bruchstücken von Geschirr.

Triklinium: Eßzimmer mit (oft drei, daher der Name) Lagerstätten, auf denen man sich zum Speisen ausstreckte.

Trockenmasse: Schotter und Sand zur Bereitung von Mörtel oder Beton.

Tuff: Weiches, sehr poröses, leichtes und oft schwammartig wirkendes Gestein vulkanischen Ursprungs.

U

Umrandung: Siehe Rahmen, Einfassung, Bordüre.

Umriß: Linie um eine Figur, ein Motiv oder einen geschlossenen Teil davon; Begrenzung einer Fläche.

V

Verwerfen, Verziehen: „Arbeiten" des Holzes unter Feuchtigkeitseinfluß, das zur Verkrümmung vorher ebener Flächen führt.

Vorentwurf: Bildliche Festlegung eines geplanten Werkes in seinen wesentlichen Zügen, noch ohne Details.

Vorlage: siehe Entwurf.

Vorzeichnung: Aufzeichnung z.B. der geplanten Gestaltung eines Mosaiks in der Größe des Originals mit allen Umrissen und Details.

W

Wandbild: Kunstwerk, das ausdrücklich zur Anbringung an einer Wand oder Mauer geschaffen wurde.

Z

Zement: Grundmaterial zur Zubereitung von Mörtel und Beton aus zermahlenen und gesinterten Mineralien; im allgemeinen Sprachgebrauch oft auch stehend für Beton.

Ziegel (Backsteine): Aus Ton, Lehm oder toniger Masse geformte und gebrannte Blöcke oder Platten, oft Belagmaterial.

Weiterführende Bücher

Bertelli, Carlo: Die Mosaiken. Von der Antike bis zur Gegenwart; Augsburg (Bechtermünz) 1996

Berwanger, Joseph: Mosaik – geformt und kunterbunt gelegt; Merzig (Merziger Druckerei) 1986

Birks, Tony: Faszination Töpfern – Ein Anleitungsbuch für einfaches und anspruchsvolles Töpfern; Bern/Stuttgart/Wien (Haupt), 2. Aufl. 1998

Chavarria, Joaquim: Töpfern – Eine Einführung in die Techniken des Töpferns; Bern/Stuttgart/Wien (Haupt) 1996

Deichmann, Friedrich W.: Frühchristliche Bauten und Mosaiken von Ravenna; Stuttgart (Franz Steiner) 1995

Giorgini, Frank: Fliesen und Kacheln – entwerfen, herstellen, dekorieren; Bern/Stuttgart/Wien (Haupt) 1995

Läuppi, Walter: Stein an Stein. Technik des Mosaiks; Bern/Stuttgart/Wien (Haupt) 1967

Mosaik – Belag, Dekor, Kunstwerk (Fachbibliografie); Stuttgart (IRB-Verlag) 1994

Parlasca, Klaus: Die römischen Mosaiken in Deutschland; Berlin (de Gruyter) 1970

Reclams Handbuch der künstlerischen Techniken, Band 2: Wandmalerei/Mosaik, hg. von Knoepfli, A./Emmenegger, O./Koller, M.; Ditzingen (Reclam) 1997

Schmid, Debora: Die römischen Mosaiken aus Augst und Kaiseraugst; CH Augst (Römermuseum) 1993

Strocka, Volker M.: Casa del Labirinto (Häuser in Pompeji, Band 4); München (Hirmer) 1991

Stützer, Herbert A.: Frühchristliche Kunst in Rom (darin: Basiliken und ihre Mosaiken); Köln (DuMont) 1991

Vance, Peggy/Goodrick-Clarke, Celia: Mosaik – Ideen und Anleitungen für kleine und große Objekte, für innen und außen; München (Callway) 1995

Werner, Klaus: Mosaiken aus Rom, 2 Bände; Würzburg (Computeam)

Wilson, Eva: Ornamente – Das Handbuch einer 8000jährigen Geschichte; Bern/Stuttgart/Wien (Haupt) 1996

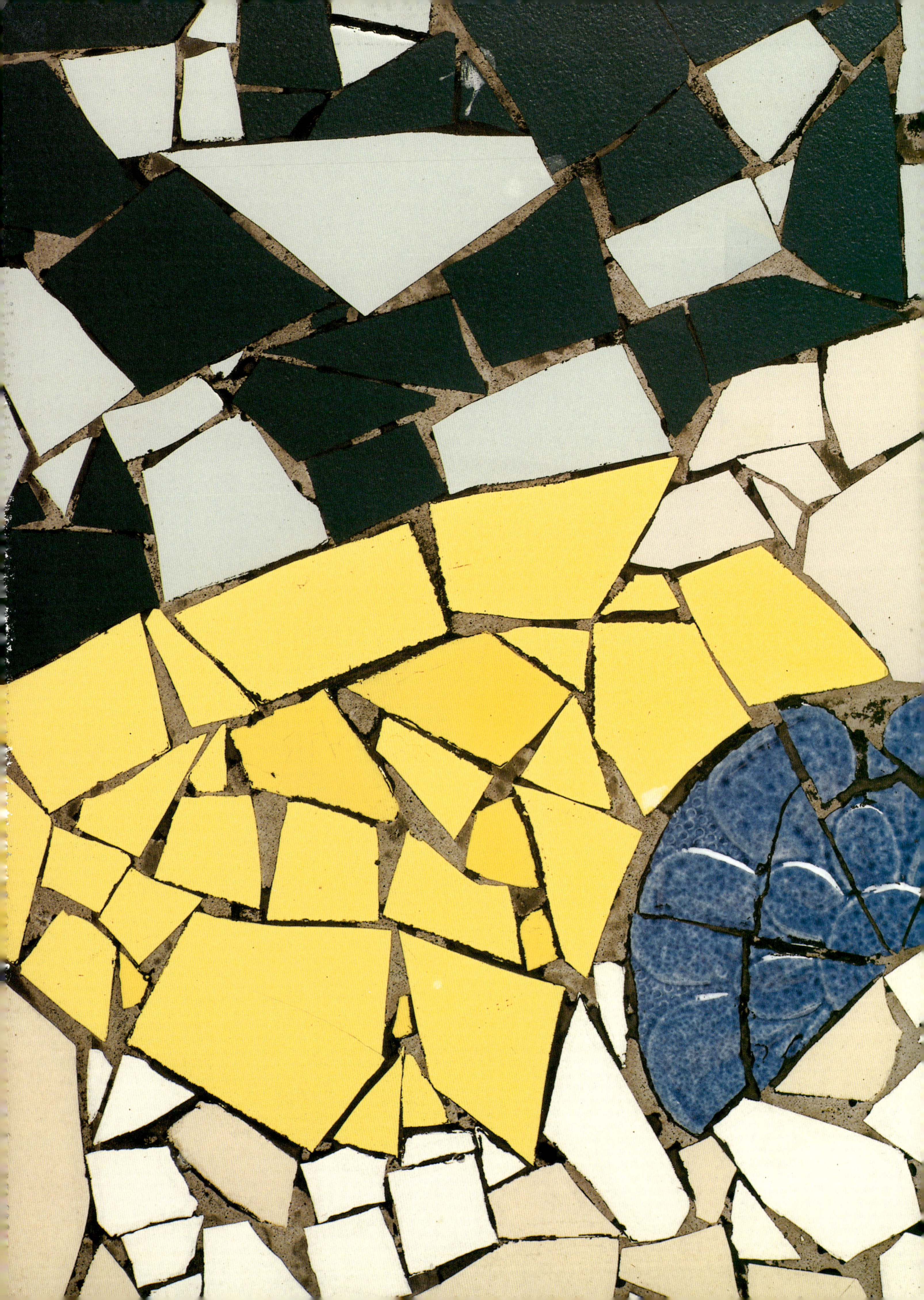